„HELMUT WAR DER MITTELPUNKT, ABER LOKI EINE WICHTIGE ERGÄNZUNG, WEIL SIE IHM EINE GEWISSE SANFTHEIT VERLIEH, DIE ER BRAUCHTE UND SICH WÜNSCHTE, ABER SELBER NICHT SO GUT AUSDRÜCKEN KONNTE.“

HENRY KISSINGER

DIE FARBE DES CHEFS ALS MARKENZEICHEN

Wenn Helmut Schmidt schrieb, tat er dies immer mit dem gleichen Schreibgerät, einem grünen Filzstift. So war er es als Senator, Minister und Bundeskanzler gewohnt: Der Chef zeichnet mit Grün. Bei der Gestaltung ihres Logos hat sich die Bundeskanzler-Helmut-Schmidt-Stiftung vom Lieblingsgrün ihres Namensgebers inspirieren lassen.

Bundeskanzler
Helmut Schmidt
Stiftung

Loki und Helmut Schmidt im Garten ihres Hauses am Neubergerweg.

EDEL BOOKS

ZUHAUSE BEI LOKI UND HELMUT SCHMIDT

DAS KANZLERHAUS IN HAMBURG-LANGENHORN

FOTOS
MICHAEL ZAPF

TEXTE
PEER STEINBRÜCK

KARIN ELLERMANN
HENDRIK HEETLAGE
ULFERT KAPHENGST
DR. MAGNUS KOCH
DR. FRIEDERIKE WEIMAR
DR. MEIK WOYKE
DR. JOHANNES ZECHNER
FRANZISKA ZOLLWEG

HERAUSGEGEBEN VON DER BUNDESKANZLER-HELMUT-SCHMIDT-STIFTUNG

„ICH LIEBE DIESE STADT MIT WEHMUT. ICH HABE IMMER MEINE WURZELN HIER GEHABT. FÜR MICH WAR HAMBURG IMMER DER PUNKT, VON DEM AUS ICH MIR MEIN BILD VON DER WELT GEMACHT HABE.“

HELMUT SCHMIDT

INHALT

Helmut Schmidt und Peer Steinbrück posieren im Oktober 2011 für den Fotografen des Nachrichtenmagazins Der Spiegel. Seinen Stock reicht Schmidt zum Scherz an Steinbrück weiter.

HIER WOHNEN DIE SCHMIDTS UND NICHT DER BUNDESKANZLER

DAS HAUS SPIEGELT SCHLICHT DEN CHARAKTER SEINER EHEMALIGEN BEWOHNER WIDER. LOKI UND HELMUT SCHMIDT WAREN NIE PRÄTENTIÖS ODER EINGEBILDET – SELBSTGEWISS JA.

Text: Peer Steinbrück

Selbst als gebürtiger Hamburger betrat ich Neuland in meiner Heimatstadt. In diesem ruhigen Wohngebiet im äußersten Norden Hamburgs war ich zuvor noch nie gewesen. Das berühmte „Reihenhaus in Langenhorn" kannte ich bis dahin nur aus der Zeitung. Dann – es muss Mitte der 1990er Jahre gewesen sein, ich war Wirtschaftsminister in Schleswig-Holstein – ereilte mich ein Anruf aus Schmidts Büro. Helmut Schmidt, so teilte man mir mit, wolle sich mal mit mir unterhalten. Wenig später stand ich am Jägerzaun und blickte in die Überwachungskamera. Die freundliche Haushälterin bat mich hinein und führte mich gleich die Treppe hoch in Schmidts Arbeitszimmer.

Schmidt war bestens präpariert. Small Talk und Höflichkeitsformeln ließ er beiseite und kam schnell zur Sache. Er hatte sich Stichworte notiert und begann mit einer geradezu inquisitorischen Befragung des „jungen Mannes", den er aus Kiel zu sich gebeten hatte. Es ging mehr als eine Stunde um fachliche Fragen zur wirtschaftlichen Situation im Norden, um Fragen der Finanzpolitik und um meine Sicht der Dinge. Zum Schluss sagte er: „Peer, haben Sie jetzt Fragen?"

Das Gesprächsritual wiederholte sich im Laufe der Jahre. Ich hatte dabei stets den Eindruck, dass wir uns als Hamburger im gleichen Koordinatensystem bewegten. Meine Familiengeschichte, meine Kindheit in Hamburg-Uhlenhorst, der Krieg, die Zerstörung, der Wiederaufbau der Hansestadt – und eine gewisse pragmatische Ader: All das verband uns in den langen Gesprächen.

Das Haus hatte mich überrascht. Kein hochherrschaftliches Anwesen, kein mondänes Wohnen, stattdessen alles sehr solide und bürgerlich – Neue Heimat pur. Ein Haus wie aus dem Lego-Baukasten mit diversen An- und Umbauten, die über die Jahrzehnte hinzugekommen waren. Von Anfang an hatte ich das Gefühl: Hier wohnen die Schmidts und nicht der Bundeskanzler a. D. Die zahllosen Bücher, die Kunst an den Wänden, der Flügel in der Halle, vor allem aber die tausend kleinen Erinnerungsstücke mit einem erkennbaren Hang zum Nippes gaben dem Haus etwas Lebendiges. Kein gelacktes Interieur, aber eben auch kein Plüschkram. Die Schmidts mochten klare Linien. Heute wirkt das Haus wie ein Museum für skandinavisches Möbeldesign der 1960er Jahre, und es spiegelt schlicht den Charakter seiner ehemaligen Bewohner wider. Loki und Helmut Schmidt waren nie prätentiös oder eingebildet – selbstgewiss ja.

Als wir an unserem gemeinsamen Buchprojekt „Zug um Zug" arbeiteten, saßen wir tagelang in dem kleinen Besprechungsraum hinter seinem Arbeitszimmer zusammen. Loki war immer präsent. Zwischendurch gab es unten im Esszimmer Kaffee und Kuchen. Meistens baten die beiden mich, noch zum Abendbrot zu bleiben. Er erwartete, dass ich mir Zeit nahm – auch für die anschließende Partie Schach. Eines Tages dann lud er mich in seine Hausbar ein. Das war der Ritterschlag. Schmidt führte mir den singenden Louis Armstrong vor, der immer noch seinen Platz auf dem Tresen in „Ottis Bar" hat, und lächelte verschmitzt.

Wir trafen uns regelmäßig in seinem Sommerhaus am Brahmsee, in Schmidts Büro bei der *Zeit* und über die Jahre wohl ein Dutzend Mal im Wohnhaus in Langenhorn – zuletzt im Frühjahr 2015, viereinhalb Jahre nach Lokis Tod. Es ging um den Nachlass, über den sich die Eheleute schon frühzeitig Gedanken gemacht hatten. Zu ihrer Goldenen Hochzeit 1992 hatten sie die private Helmut und Loki Schmidt-Stiftung gegründet, deren Kuratoriumsvorsitzender ich von 2015 bis 2019 war. Ihr Hintergedanke war, das Anwesen in Hamburg-Langenhorn mit dem Wohnhaus und seinem einmaligen Bibliotheks- und Archivbestand nach dem Vorbild der „presidential libraries" in den USA langfristig für die Öffentlichkeit zu sichern.

Helmut Schmidt wollte, dass alles so erhalten bleibt, wie er es hinterlässt. Aber er machte mir auch unmissverständlich klar: „Ich will kein Denkmal, das beweihräuchert wird." Ihm lag vielmehr daran, dass die Themen, die ihn über Jahrzehnte bewegt hatten, in die Zukunft getragen

ICH WILL KEIN DENKMAL, DAS BEWEIHRÄUCHERT WIRD.

werden. Das galt insbesondere für den Plan, eine Bundeskanzler-Helmut-Schmidt-Stiftung zu gründen, wie dies beispielsweise unter den Namen von Friedrich Ebert, Konrad Adenauer, Theodor Heuss und auch Willy Brandt bereits geschehen war.

Die Bundeskanzler-Helmut-Schmidt-Stiftung, die als Politikergedenkstiftung des Bundes im Oktober 2016 einstimmig vom Deutschen Bundestag beschlossen worden ist, hat sich daran orientiert. Durch Konferenzen, Vortragsveranstaltungen und vielfältige andere Vermittlungsformen setzt sie Akzente in Diskussionen über die transatlantische Zusammenarbeit. Sie beschäftigt sich mit der Zukunft Europas und erörtert als Denkimpulsfabrik zum Beispiel Fragen der Friedens- und Sicherheitspolitik. Zudem leistet sie politische Bildungsarbeit entlang wichtiger Meilensteine deutscher und internationaler Zeitgeschichte. Ausgangspunkt sind dabei stets Themen und Positionen Schmidts, Fragen, die ihn interessiert haben, und Debatten, zu denen er sich geäußert hat oder hätte.

An das Leben und Wirken Helmut Schmidts erinnert die Stiftung zudem mit einer zeitgeschichtlichen Ausstellung im neuen Helmut-Schmidt-Forum in der Hamburger Innenstadt. Dort sind auch ausgewählte Objekte aus dem Langenhorner Privathaus zu sehen.

Seine größten Schätze wird das Wohnhaus in Langenhorn aber behalten. Denn es ist selbst ein Ausstellungsstück. Die Bundeskanzler-Helmut-Schmidt-Stiftung wird dort auch weiterhin Führungen anbieten, um Interessierten einen Einblick in das Leben der Schmidts zu gewähren. So werden die unzähligen Reiseandenken und Geschenke aus vielen Ländern der Welt gezeigt, die Loki als Naturforscherin und Helmut als Vortragsreisender besuchten. Der Flügel, auf dem er nach langen Arbeitstagen zur Entspannung am liebsten Bach und Mozart spielte, der Sessel in der Halle, in dem Loki Schmidt ungezählte Stunden rauchend am Telefon verbrachte, die großartige Kunstsammlung mit Schmidts Favoriten wie Barlach, Nolde, Kollwitz und Modersohn, aber auch Heisig, Picasso oder Chagall.

Schmidts Schwimmbad als Fotostudio. Zehn Arbeitstage verbrachte der Hamburger Fotojournalist Michael Zapf in dem leeren Pool, um die Alltagsgegenstände und Kunstobjekte aus dem Wohnhaus vor einem weißen Hintergrund in Szene zu setzen.

So hatten es sich die Schmidts gewünscht: dass die Öffentlichkeit nach ihrem Tod Zutritt haben sollte zu ihrem privaten Refugium mit dem schönen Garten. Weil es jedoch nicht für einen massenhaften Besuch ausgelegt ist, bietet die Stiftung nur wenige Führungen in kleinen Gruppen an. Ihr Ziel ist es, den ursprünglichen Charakter zu erhalten, damit Besucherinnen und Besucher auch in Zukunft noch einen authentischen Eindruck von dem Ort gewinnen, an dem die Schmidts lebten.

Um es an Geschichte Interessierten und Schmidt-Fans aller Altersgruppen dennoch zu ermöglichen, diesen legendären Ort kennenzulernen, hat die Bundeskanzler-Helmut-Schmidt-Stiftung dieses Buch herausgegeben. Es ist mir als Kuratoriumsvorsitzendem eine Freude, Sie, liebe Leserinnen und Leser, zu einer Reise durch 60 Jahre deutsche Zeitgeschichte einzuladen. Historische Aufnahmen, die Bilder des Hamburger Fotojournalisten Michael Zapf sowie die Texte der Expertinnen und Experten der Stiftung werden Ihnen ungewöhnliche Einblicke in das Leben dieses Jahrhundertpaars gewähren.

EINBLICKE

LOKI UND HELMUT SCHMIDT HATTEN SCHON 1992 EINE PRIVATE STIFTUNG GEGRÜNDET. SIE WOLLTEN NICHT NUR DAS WOHNHAUS, SONDERN AUCH DAS BENACHBARTE ARCHIV, IN DEM IHR LEBEN VON DER KINDHEIT BIS INS HOHE ALTER SORGFÄLTIG DOKUMENTIERT IST, LANGFRISTIG FÜR DIE ÖFFENTLICHKEIT SICHERN.

LEBENSSPUREN

„SCHMIDT WOLLTE, DASS ALLES SO ERHALTEN BLEIBT“

Helmut Schmidt 1925 in Matrosenuniform. „Schnackfass“ nannte ihn seine Familie, weil er schon als Kind wissbegierig war und gern diskutierte. In den privaten Familienalben finden sich auch einige Kinderfotos von Loki Schmidt – hier eine Aufnahme aus dem Jahr 1923.

1923
Loki, A
Erwi

KUNST

FÜR LOKI UND HELMUT SCHMIDT GEHÖRTE DIE KUNST EINFACH ZUM LEBEN DAZU

Die private Sammlung offenbart schon in der Eingangshalle die persönliche Leidenschaft der Gastgeber.

MUSIK

„MUSIK HABE ICH IMMER WIEDER ALS EINE DER GRÖSSTEN FREUDEN EMPFUNDEN"

Zu den tragischen Wendungen in seinem Leben zählte für Helmut Schmidt die zunehmende Schwerhörigkeit im Alter.

ARBEITSZIMMER

„DER LIEBE GOTT HAT MICH ALS ARBEITSTIER GEBOREN“

In seiner „Arbeitshöhle“ verbrachte Schmidt jeden Tag viele Stunden.

NACHBAR CHINA
Helmut Schmidt
Die Gegenwart der Vergangenheit
PIPER
Der Atlas
KNAURS NEUER HISTORISCHER WELTATLAS
HELMUT SCHMIDT
Germany

SCHACH

WANN IMMER DIE SCHMIDTS ZEIT HATTEN, SPIELTEN SIE EINE GEMEINSAME PARTIE

Die Figuren für das kleine Schachbrett, die er in einer Glasvitrine im Arbeitszimmer aufbewahrte, hat Helmut Schmidt 1945 in der Kriegsgefangenschaft selbst geschnitzt.

STAATSBESUCHE

HELMUT SCHMIDT NUTZTE DAS HAUS IN LANGENHORN AUCH ALS POLITISCHE BÜHNE

Zum offiziellen Besuch kam Frankreichs Staatspräsident Giscard d'Estaing am 23. Juni 1978 nach Hamburg. Er reiste aber auch privat zu den Schmidts.

GARTEN

FÜR LOKI SCHMIDT GING MIT DEM GARTEN EIN TRAUM IN ERFÜLLUNG

Vom Archiv fällt der Blick auf das Wohnhaus, rechts die Doppelhaushälfte Neubergerweg 80, links die Hausnummer 82, in dem Helmut Schmidts Eltern Gustav und Ludovika wohnten.

DER ROTE APFEL

LOKI SCHMIDT LIESS NICHTS VERKOMMEN UND MACHTE JEDES JAHR APFELBROT

Rechts neben der Haustür steht ein unscheinbarer Baum, der im Mai herrlich blüht und im Herbst leuchtend rote Zieräpfel trägt.

ARCHIV

„TÄGLICH STREICHT DER KANZLER SELBST AN, WAS ER ARCHIVIERT HABEN MÖCHTE“

Im Archiv erinnern zwei Bronzeplastiken an Loki und Helmut Schmidt. Sie stammen von dem in Estland geborenen Künstler Manfred Sihle-Wissel.

WARUM AUSGERECHNET LANGENHORN? DASS DIE SCHMIDTS IN DIESEM RUHIGEN STADTTEIL IM NORDEN VON HAMBURG IN EINER NEUE-HEIMAT-SIEDLUNG LANDETEN, WAR AUCH DEM ZUFALL GESCHULDET. IHR BEHAGLICH EINGERICHTETES WOHNHAUS IM NEUBERGERWEG 80 DIENTE IHNEN ALS RUHEPOL. VON HIER BLICKTEN UND REISTEN SIE IN DIE WELT, KEHRTEN ABER STETS WIEDER NACH HAUSE ZURÜCK.

LANGENHORN

EINE „NEUE HEIMAT“ FÜR LOKI UND HELMUT SCHMIDT

A7
Norderstedt
Wohnhaus
Neubergerweg 80-82/86
SCHLESWIG-
HOLSTEIN
Langenhorn
Poppen-
büttel
Hummels-
büttel
Schnelsen
Niendorf
Fuhlsbüttel
Ohlsdorf
A7
HAMBURG
ALSTER
MITTE
ELBE
A7

Langenhorn – ein grüner Stadtteil. Die Neubausiedlung der Schmidts sollte eine „Verbindung zwischen dem Großstadtmenschen und der Natur" schaffen.

Die Neue-Heimat-Siedlung „Ochsenzoll II" mit dem Neubergerweg im Vordergrund, benannt nach dem ärztlichen Direktor der ehemaligen „Irrenanstalt Langenhorn".

Kein Reihen-, sondern ein Doppelhaus, das von den Schmidts um zwei große Anbauten erweitert wurde (Bildmitte). Im Jahr 1992 erwarben sie die gegenüberliegende Doppelhaushälfte (rechts).

„DER TRAUM VOM EIGENHEIM IM GRÜNEN – KANN AUCH FÜR SIE WIRKLICHKEIT WERDEN.“

Die stolzen Eigentümer spazieren über den Plattenweg vor ihrem neuen Haus. 1968 gab es dort noch keine hohen Hecken und Sicherheitszäune.

Noch im Rohbau: Das Doppelhaus der Schmidts entsteht am südlichen Rand der Siedlung. Hinter dem Grundstück liegt ein Feld, das landwirtschaftlich genutzt wird.

Text: Meik Woyke

Als die Schmidts im Dezember 1961 nach Hamburg-Langenhorn in den Neubergerweg 80 zogen, gab es dort noch keine hohen Hecken und Sicherheitszäune, keine rund um die Uhr scharfgestellte Alarmanlage und keine Videoüberwachung. Der neue Wohnort der Familie lag vielmehr am Rande einer Neubausiedlung der Neuen Heimat auf einer bis zum Baubeginn größtenteils landwirtschaftlich genutzten Fläche. In der Rekordzeit von zwei Jahren hatte der ambitionierte gewerkschaftseigene Wohnungsbaukonzern hier das Projekt „Ochsenzoll II" realisiert, das mehr als 300 Reihenhäuser umfasste. Hinzu kamen etwa 200 Mietwohnungen in vier Häusern mit viereinhalb Stockwerken sowie mehreren dreigeschossigen Wohnblocks. Im Nordwesten begrenzte das parkähnliche Gelände eines städtischen Krankenhauses mit psychiatrischem Schwerpunkt die Siedlung. Aus holprigen Feldwegen wurden asphaltierte Straßen. Das Teilstück des Neubergerwegs, an dem Loki und Helmut Schmidt künftig ihren Lebensmittelpunkt hatten, war sogar erst durch eine Straßenverlängerung neu geschaffen worden.

Auf der Suche nach einem Eigenheim

Warum entschieden sich die Schmidts ausgerechnet für ein Domizil in Langenhorn? Dass Helmut Schmidt mit seiner Ehefrau und der 14-jährigen Tochter Susanne in diesem ruhigen Stadtteil im Norden von Hamburg landete, war auch dem Zufall geschuldet. Seit 1954 wohnten sie in einem 80-Quadratmeter-Eigenheim der Neuen Heimat westlich vom Stadtzentrum, in Othmarschen, wo Loki Schmidt an der Volksschule als Lehrerin unterrichtete. Als der Platzbedarf für Bücher und Akten zunahm, wurde der Wunsch nach einer geräumigeren Bleibe immer größer. Zudem wollte Helmut Schmidt, der für die SPD seit 1953 dem Deutschen Bundestag angehörte, zumindest in die Nähe seines Wahlkreises in Hamburg-Nord ziehen. Lange hofften die Schmidts, bei einem im Westen der Stadt gelegenen Neubauprojekt der Neuen Heimat in Lokstedt im Bezirk Eimsbüttel zum Zuge zu kommen. Auch einen Umzug nach Niendorf, Fuhlsbüttel oder in andere benachbarte Stadtteile konnte sich das Ehepaar vorstellen. Gezielt nutzte Schmidt seine Kontakte in die Geschäftsführung des mit der Sozialdemokratie verbundenen Wohnungsbaukonzerns, um eine möglichst rasche Lösung herbeizuführen. Darüber hinaus verfolgte er zeitweise den Plan, gemeinsam mit seinem engen Freund und Bundestagskollegen Karl Wilhelm Berkhan ein geeignetes Baugrundstück für ein Doppelhaus zu erwerben. So hätten sich die aufzubringenden Kosten verringern lassen. Insgesamt verfügten Schmidt und seine Frau über Eigenkapital in Höhe von 45 000 bis 50 000 Mark, ließ er schriftlich einem ihm aus Parteikreisen bekannten Inhaber eines Unternehmens für Bauberatung und -finanzierung wissen.

Helmut Schmidt skizzierte in seinem Terminkalender 1960 seine künftige Bleibe, angedeutet ist die bis zum Dachfirst reichende großzügige Wohnhalle. Dass er den Architektenberuf ergriff, hatte der Zweite Weltkrieg verhindert.

Für ihr neues, hier fast bezugsfertiges Eigenheim zahlten die Schmidts stolze 149 800 Mark, inklusive Erbbaugrundstück. Zur Finanzierung nahmen sie mehrere Darlehen auf, etwa aus den Aktionen „Junge Familie" und „Besser und schöner wohnen".

Die Neue-Heimat-Siedlung in Hamburg-Langenhorn wurde in einer für die Zeit aufwendig gestalteten Werbebroschüre vollmundig angepriesen. „Der Traum vom Eigenheim im Grünen – kann auch für Sie Wirklichkeit werden", hieß es in großen Lettern, und darauf folgte der Leitsatz „mein haus ist meine burg"; um typographisch Aufmerksamkeit zu erzeugen, durchweg kleingeschrieben. Versprochen wurden den Kaufinteressenten die Perspektive auf einen selbstbestimmten Lebensrhythmus bei hohem Erholungswert sowie eine krisenfeste Wertanlage in einer sicheren Umgebung. Es sollte eine „Verbindung zwischen dem Großstadtmenschen und der Natur" geschaffen werden. Die auf dem Baugelände vorhandenen Knicks und alten Bäume wurden erhalten. Bei der Planung der gesamten Siedlungsanlage seien die neuesten städtebaulichen Erkenntnisse angewendet worden. Dies garantiere den Eigenheimbesitzern einen modernen Wohnstandard. Inmitten der Siedlung lag eine von sämtlichen Häusern gut erreichbare kleine Ladenzeile mit Einkaufsmöglichkeiten für den täglichen Bedarf. Eine Gewerbefläche für eine Klempnerei, einen Elektrikerbetrieb oder eine Schusterwerkstatt war ebenfalls vorgesehen. Für die schnelle und bequeme Anbindung an die Hamburger City sorgte die im Mai 1960 eröffnete U-Bahn-Station Kiwittsmoor.

Kein Reihen-, sondern ein Doppelhaus!

Den Schlüssel für ihr 122 Quadratmeter und fünf Zimmer umfassendes, typisch norddeutsches Rotklinker-Eigenheim im Neubergerweg erhielten die Schmidts am 14. Dezember 1961. Am Vortag war Helmut Schmidt zum Polizeisenator von Hamburg ernannt worden. Das „Reihenhaus in Langenhorn" mit der Hausnummer 80 gehörte zu den größten in der ganzen Siedlung. Bei der Entwicklung und Ausgestaltung des individuellen Grundrisses hatte sich Schmidt, dessen Berufswunsch, einmal Architekt zu werden, der Zweite Weltkrieg in die Quere gekommen war, ideenreich und mit vielen Sonderwünschen beteiligt. Zu den Besonderheiten zählte

Am 14. Dezember 1961 erhielt die Familie den Schlüssel für ihr Rotklinker-Haus. Am Tag zuvor war Schmidt zum Polizeisenator von Hamburg ernannt worden.

eine bis zum Dachfirst offene Wohnhalle. Das „Reihenhaus" ist streng genommen ein Doppelhaus. In die zweite, von der Straße aus gesehen hintere Haushälfte mit der Nummer 82 zogen Schmidts Eltern Gustav und Ludovika ein. Beide hatten das siebzigste Lebensjahr überschritten und teilten sich auf 74 Quadratmetern drei Zimmer.

Für das größere der beiden teilweise unterkellerten „Reiheneigenheime", so Helmut Schmidt in einer Kreditannahme-Erklärung an die Neue Heimat, war inklusive des Erbbaugrundstücks ein Kaufpreis von 149 800 Mark zu entrichten, das kleinere Haus schlug mit 58 850 Mark samt Gartenfläche zu Buche. Die Finanzierung dieser stattlichen, kurzfristig anzuweisenden Beträge fiel der Familie nicht gerade leicht. Sie war trotz des vorhandenen nennenswerten Eigenkapitals auf öffentliche Förderung angewiesen. Schmidts bisherige Tätigkeit als Bundestagsabgeordneter galt nach den Regularien der Darlehnskassen nicht als Ausübung eines Berufs, zumal die Abgeordnetendiäten seinerzeit gering ausfielen und zudem von dem politischen Mandat abhängig waren. Unterdessen lagen die monatlichen Einkünfte seines Vaters offenbar deutlich unter der von der Neuen Heimat für die Erlangung von Fördermitteln gesetzten Einkommensgrenze von 1250 Mark. Auch Loki Schmidts Verdienst als Lehrerin hielt

Der Eingangsbereich mit dem früheren Übergang in das Wohnzimmer. Heute befindet sich dort eine fest verbaute Glasvitrine. Unverkennbar ist die Liebe zur Kunst und zu den Pflanzen. Der Fernseher steht in der Durchreiche zur Küche.

sich in Grenzen, war aber für den Erwerb der Häuser wichtig. Letztlich halfen mehrere langfristige Kreditverträge bei der Finanzierung, darunter jeweils ein Darlehen aus den Aktionen „Junge Familie" sowie „Besser und schöner wohnen" der Deutschen Bau- und Bodenbank.

Baumängel und andere Schwierigkeiten

Während der Bauphase und nach dem Einzug erlebten die Schmidts das, wovon zahlreiche Bauherren ein Lied singen können: Die Mängellisten, mit denen Helmut Schmidt die Neue Heimat als Verkäufer der Immobilien in die Pflicht nahm, füllten stets mehrere Briefseiten und betrafen in der Regel verschiedene Gewerke. Noch ein Jahr nach der Schlüsselübergabe waren etliche dieser akribisch monierten Baumängel nicht behoben, auch wenn Schmidt dem Wohnungsbaukonzern bereits im Januar 1962 – einen Monat nach dem Einzugstermin – ungeduldig nahelegte, „jetzt allmählich etwas Druck dahinter" zu machen.

Für seine Doppelhaushälfte bemängelte er bunt gemischt Kleinigkeiten und grobe Fehler. Es fehle ein Badschlüssel, und die Seifenschale sei beschädigt. Die Fugen am Blumenfenster im Wohnzimmer sowie die Mauerdurchbrüche für die Telefonanschlüsse und Wasserleitungen müssten ordnungsgemäß abgedichtet werden. Außerdem sei die Gangbarkeit aller Fenster des Hauses zu überprüfen. An den Wohnzimmer-Einbauschränken vermisste Schmidt die Schubladen, und zwei Türen müssten umgehängt werden. Die ganze Ausführung stimme mit der Planzeichnung nicht überein; der Tischler möge sich bitte deswegen bei ihm melden. Zum Leidwesen von Schmidt ließ sich das völlig schief an der Wand liegende Kleinparkett in der Essecke nicht mehr ohne weiteres austauschen. Auch den senkrechten Riss in der Kunststeinplatte des Kamins sowie im darüberliegenden Mauerwerk, der offenbar auf eine Setzung des Fundaments zurückging, war er bereit hinzunehmen, bat jedoch zur Sicherheit um eine statische Überprüfung. Die Messingschienen im Wohnzimmer

„ICH MUSS BEKENNEN, DASS MIR IHR KUNDENDIENST NICHT GANZ GEFALLEN KANN."

zwischen dem Steinfußboden aus Bockhorner Klinkerplatten und dem Parkett seien derart verklebt, dass sie „die Hausfrau" nicht putzen könne. In der Holzdecke müsse eine gerissene Diele ersetzt werden. Die Bodenluke schließe nicht richtig und öffne sich bei stärkerem Wind sogar von selbst. Mit Blick auf den Handarbeitsraum im Keller erinnerte Schmidt an die Lieferung der bestellten Zimmertür. Das Fenster im Ölheizungsraum müsse umgebaut werden, sodass für eine dauerhafte Belüftung gesorgt sei, und der außenliegende Stutzen zum Befüllen des Tanks solle verschließbar sein.

Besondere Aufmerksamkeit ließ Helmut Schmidt seinem Arbeitszimmer im ersten Stock des Wohnhauses zuteilwerden. So wies er die Neue Heimat schon während der Bauausführung an, dort keine Fußleisten zu montieren, um problemlos um das ganze Zimmer herumlaufende Bücherregale aufstellen zu können. Aus demselben Grund ließ er den Heizkörper des Zimmers etwas weiter nach links versetzen.

Fürsorglich trat Schmidt ebenso für die Interessen seiner mit ihm Tür an Tür lebenden Eltern ein. Auch in der Doppelhaushälfte mit der Hausnummer 82 gab es zahlreiche Mängel zu beseitigen. Die kurze Bauzeit der Siedlung wirkte sich offensichtlich negativ auf die Qualität der Gebäude aus. Mit Schmidt hatte sich die Neue Heimat allerdings den Falschen ausgesucht. Er akzeptierte keine minderwertige Arbeit oder sogar Schlamperei.

Als sich die beauftragte Fachfirma als unfähig erwies, den gestörten Fernsehempfang im Neubergerweg 80 in angemessener Frist zu beheben, schrieb Schmidt der verantwortlichen Geschäftsleitung im April 1962 einen geharnischten Brief, der in seinem Nachlass überliefert ist: „Ich muß bekennen, daß mir Ihr Kundendienst nicht ganz gefallen kann. Abgesehen von mehreren fernmündlichen Anrufen habe ich erstmalig schon schriftlich am 16. Januar dieses Jahres die Funktionsfähigkeit der von Ihnen gelieferten Fernsehanlage beanstandet. Seither ist nach wie vor weder der

Schmidts Arbeitszimmer noch ohne Durchgang zur hinteren Doppelhaushälfte im Neubergerweg 82. Dieser wurde erst nach dem Umbau 1974 geschaffen.

Ludovika und Gustav Schmidt, die Eltern des Hausherrn, im April 1962 auf dem Weg von der Straße zu ihrem Eigenheim.

Schmidt in seiner „Arbeitshöhle“. Er las viel und sehr genau, wie seine kritischen Randbemerkungen an vielen Texten zeigen.

Empfang des 1. noch des 2. Programms noch des ostzonalen Fernsehfunks möglich. Andererseits hat Ihre Firma in meinem Hause Aufträge der Neuen Heimat als auch Privataufträge von mir ausgeführt, die sich insgesamt auf viele 1 000,-- DM belaufen. Angesichts dieser Umstände werden Sie mein Befremden über die Angelegenheit nicht erstaunlich finden.“

Noch größeren Wert legte Helmut Schmidt auf einen funktionierenden Telefonanschluss. Bereits im Mai 1961, sieben Monate vor dem Umzug nach Langenhorn, trat er an den Präsidenten der Oberpostdirektion Hamburg „mit einer halb dienstlichen, halb privaten Bitte“ heran. Als Mitglied des Verwaltungsrats der Deutschen Bundespost stand Schmidt von Amts wegen ein Fernsprechanschluss zur Verfügung, den er unter Beibehaltung seiner Rufnummer nahtlos in den Neubergerweg zu übertragen gedachte. Wegen seines Bundestagsmandats sei er darauf angewiesen, jederzeit telefonisch erreichbar zu sein, weshalb er frühzeitig auf die „Anschluß-Notwendigkeit" hinweisen wolle. Die Antwort aus der Oberpostdirektion konnte Schmidt nicht zufriedenstellen. Wegen der anhaltenden Lieferschwierigkeiten der Telefonkabelwerke und den zu erwartenden witterungsbedingten Unterbrechungen im Straßenbau ließe sich kein genauer Anschlusstermin benennen. Außerdem sei aus technischen Gründen eine zweimalige Rufnummernänderung erforderlich. Wenig später erhielt Schmidt ein Formschreiben des örtlichen Fernmeldeamts, das ihm eine Verlegung seines Telefonanschlusses lapidar erst für Ende 1962 oder Anfang 1963 angekündigte, was die Fronten weiter verhärtete. Schließlich gelang es Schmidt, die Situation in seinem Sinne mit Hilfe des Staatssekretärs im Bundesministerium für das Post- und Fernmeldewesen zu klären.

Wesentlich länger musste Schmidt indessen für die Möglichkeit kämpfen, eine Garage für seinen Privatwagen zu erwerben. Über Jahre schwelte zwischen dem Bezirksamt Hamburg-Nord und der Neuen Heimat ein komplizierter Verwaltungsstreit über die im Erbbaurecht ungeklärten Eigentumsverhältnisse und -pflichten auf den für den Garagenbau zur Verfügung stehenden Gemeinschaftsflächen. Im Mai 1963 bekamen die Schmidts immerhin eine Mietgarage angeboten, was sie dankbar akzeptierten. Zugleich befürchteten Loki und Helmut Schmidt, dass auf dem ungenutzten kleinen Grundstück von ihrem Doppelhaus bis zur Straße als Reaktion auf die zunehmende Motorisierung ein Anwohnerparkplatz entstehen könnte – sozusagen direkt vor ihrem Wohnzimmerfenster. Als symbolische Gegenmaßnahme pflanzten sie auf dieser Fläche eine Hecke, mähten den Rasen und setzten einen in der Siedlung vorgeschriebenen Jägerzaun, was vom Bezirksamt zunächst geduldet und dann mit einem Pachtvertrag rechtlich abgesichert wurde.

Die Treppe verbindet die beiden Stockwerke des Hauses mit dem Arbeitszimmer von Schmidt im Zwischengeschoss. Für einen Telefonanschluss pünktlich zum Einzug musste er lange kämpfen.

Gartenarbeit als Ausgleich zum Büroalltag und zugleich immer wieder ein willkommenes Motiv für Pressefotografen.

Fast ganz normale Nachbarn

Bei den Erstbewohnern der Neue-Heimat-Siedlung, die heute wegen der Schmidts weit über die Grenzen von Hamburg hinaus bekannt ist, handelte es sich vielfach um junge Ehepaare und Familien. Sie blieben ihrem Wohngebiet über Jahrzehnte hinweg treu und sind mittlerweile dort alt geworden. Ihre so weit wie möglich individuell ausgestalteten Reihenhäuser und liebevoll gepflegten Gärten spiegeln ihren bescheidenen Wohlstand. Unmittelbar in der Nachbarschaft der Schmidts wohnten laut dem Hamburger Adressbuch von 1966 ein Bankangestellter, ein Arzt und ein Handelsvertreter, im weiteren Umkreis lebten ein Schlachter, Ingenieure, kaufmännische Angestellte und mehrere Beamte. Die meisten kennen einander und pflegen den Klönschnack über den Gartenzaun, beim Friseur oder – in der Anfangszeit der Siedlung – im Selbstbedienungsladen der Konsumgenossenschaft „Produktion“.

Unaufgeregt wurde die steile politische Karriere des prominentesten Nachbarn verfolgt. Man nahm Anteil an dem Leben von Helmut Schmidt und dem seiner Familie, machte deswegen jedoch nicht viel Aufhebens. Einige wunderten sich allenfalls, warum die Schmidts angesichts ihrer wachsenden finanziellen Möglichkeiten keine luxuriöse Villa an der Außenalster oder in den Elbvororten bezogen. Wiederholt ist die Siedlung, die im Süden vom Neubergerweg begrenzt wird, herablassend als spießige Kleinbürger-Idylle beschrieben worden, die für den Weltbürger Schmidt eigentlich zu eng sei. Das Gegenteil trifft zu: Loki und Helmut Schmidt waren zeitlebens bodenständig, vergaßen ihre Herkunft nicht und fühlten sich in Langenhorn ausgesprochen wohl. Ihr Briefträger in den 1970er Jahren, der nach eigener Aussage bestens mit dem Familienhund Jaspis zurechtkam, erhielt von ihnen zu Weihnachten eine kleine Aufmerksamkeit zugesteckt, so wie es in der Nachbarschaft eben üblich war. Mit ihrem Wohnumfeld verband die Schmidts auf jeden Fall mehr als lediglich die Nähe zum Flughafen Hamburg-Fuhlsbüttel, auch wenn sich diese nach Helmut Schmidts erneutem Wechsel in die Bundespolitik als SPD-Fraktionsvorsitzender im Deutschen Bundestag (1966/67–1969), Verteidigungs-, Finanz- und Wirtschaftsminister (1969–1974) und sodann als Bundeskanzler (1974–1982) als durchaus praktisch erweisen sollte. Das Eigenheim am Neubergerweg bildete zusammen mit dem kleinen Ferienhaus, das Loki und Helmut Schmidt im Jahr 1958 am schleswig-holsteinischen Brahmsee erworben hatten, ihr zuverlässiges Refugium, wo sie zur Ruhe kamen und Kraft für eine neue Woche in der Bundeshauptstadt Bonn schöpften.

Selbstverständlich gelangte dieses Streben nach Normalität an Grenzen. Je höher Schmidt in der politischen Hierarchie aufstieg, desto mehr hatte sich die gesamte Familie an ein Leben mit stetigem Personen- und

Angekommen in der neuen Heimat: Helmut und Loki Schmidt genießen zusammen mit ihrer Tochter Susanne die Vorzüge ihres Eigenheims im Grünen.

Mit schlichten Handzetteln wurden die Siedlungsbewohner von der örtlichen Polizeirevierwache über Staatsbesuche im Neubergerweg informiert.

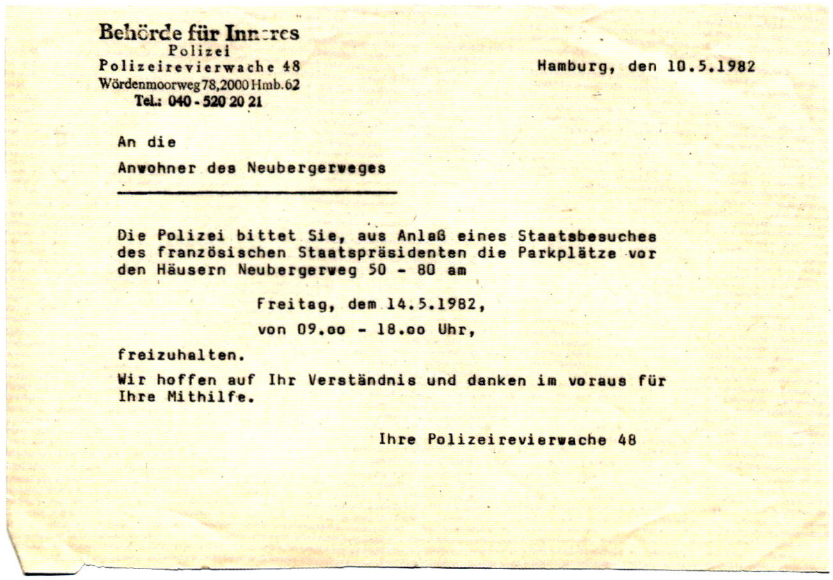

Behörde für Inneres
Polizei
Polizeirevierwache 48
Wördenmoorweg 78, 2000 Hmb. 62
Tel.: 040 - 520 20 21

Hamburg, den 10.5.1982

An die

Anwohner des Neubergerweges

Die Polizei bittet Sie, aus Anlaß eines Staatsbesuches des französischen Staatspräsidenten die Parkplätze vor den Häusern Neubergerweg 50 - 80 am

Freitag, dem 14.5.1982,

von 09.oo - 18.oo Uhr,

freizuhalten.

Wir hoffen auf Ihr Verständnis und danken im voraus für Ihre Mithilfe.

Ihre Polizeirevierwache 48

Objektschutz zu gewöhnen. Bereits ihr Haus in Othmarschen war vom „Hamburger Wachdienst" bestreift worden. Die Schutzmaßnahmen, die während Schmidts Amtszeit als Minister und Bundeskanzler am Neubergerweg von Staats wegen ergriffen wurden, übertrafen diese privat geschlossene Vereinbarung bei weitem. Mehrfach gab es Anlass, die Bewachung zu intensivieren und die installierte Sicherheitstechnik zu verschärfen. Seit vermutlich spätestens 1974 stand eine rund um die Uhr besetzte Polizeistation vor dem Wohnhaus und regelte gewissermaßen als Membran zwischen öffentlicher Straße und Privatbereich den Zugang auf das Grundstück. Während des Terrors der Rote Armee Fraktion im „Deutschen Herbst" 1977 herrschte auch in der Neue-Heimat-Siedlung monatelang unübersehbar Ausnahmezustand. Schwerbewaffnete Polizisten bestimmten das Bild. Unangekündigte Personenkontrollen zu jeder Tages- und Nachtzeit gehörten für die Passanten in der Wohngegend und auf dem Kleingartengelände direkt hinter dem Haus zum Alltag. Im Jahr 1978 wurde das Dach des Doppelhauses verstärkt, weil eine amtliche Bedrohungsanalyse vor der Gefahr eines terroristischen Angriffs durch ferngesteuerte Panzerabwehrraketen warnte. Sämtliche Fenster erhielten schussfestes Panzerglas. Im Zuge dieser vorbeugenden Schutzmaßnahmen entstand in einer umfunktionierten Garage auch das Wachhäuschen mit Sicherheitsschleuse, wie es heute noch – außer Betrieb allerdings – existiert.

Eine Siedlung im Ausnahmezustand: der sowjetische Staats- und Parteichef Leonid Breschnew auf Staatsbesuch in Hamburg-Langenhorn.

Abgesehen von der Zeit des RAF-Terrors stellten die vielen Staatsbesuche und Arbeitstreffen, die im Neubergerweg 80 stattfanden, das Verständnis und die Toleranz der Nachbarschaft auf die Probe. Verstärkt nutzte der Bundeskanzler Helmut Schmidt seinen Privatraum (und den seiner Familie) als politische Bühne. Von 1976 bis 1982 war allein der französische Staatspräsident Valéry Giscard d'Estaing mindestens viermal in dem Doppelhaus zu Gast. Außer für diesen politischen wie privaten Freund öffnete Schmidt für mehrere weitere Staatsgäste und andere einflussreiche Politiker seine Türen, um eine möglichst entspannte Gesprächsatmosphäre zu schaffen und seinen Besuchern vor Augen zu führen, wie bescheiden die Schmidts noch immer lebten. Im Juni 1976 kam der Erste Sekretär des Zentralkomitees der Polnischen Vereinigten Arbeiterpartei, Edward Gierek, und im April 1977 ließen spontan der spanische König Juan Carlos und seine Frau Sophia den Abend nach einem Opernbesuch beim Ehepaar Schmidt ausklingen. Am 7. Mai 1978 empfing der Bundeskanzler einen besonders prominenten Gast in seinem Wohnzimmer: den sowjetischen Staats- und Parteichef Leonid Breschnew, der in Schmidts Bücherregal etliche Bände der im Auftrag der SED herausgegebenen Marx-Engels-Werke entdeckte, was die Stimmung trotz erheblicher politischer Gegensätze auflockerte. Einen Monat später fuhr der italienische Ministerpräsident Giulio Andreotti in seiner Staatskarosse im Neubergerweg vor, und im August 1985 übernachtete der ehemalige US-Präsident

Eine umfunktionierte Garage diente als Wachhäuschen mit Sicherheitsschleuse. Hier verlief die Membran zwischen der öffentlichen Straße und dem Privatbereich der Schmidts.

Die Familie beim trauten Kartenspiel – nur selten ließ Helmut Schmidts unablässige politische Aktivität die Zeit für solche Mußestunden.

Der Umbau 1974 beginnt.

Gerald Ford sogar dort – wie zuvor bereits Giscard d'Estaing, was den Wachschutz und die Sicherheitsdienste vor besondere Herausforderungen stellte. Bei jedem dieser Besuche verteilte die örtliche Polizeirevierwache schlichte Handzettel an die Siedlungsbewohner und kündigte damit eine weiträumige Straßensperrung an. Auch für alle zusätzlichen Beeinträchtigungen wurde die Nachbarschaft um Verständnis und Mithilfe gebeten.

Gewachsener Raumbedarf und mehr Wohnkomfort

Fraglos besaßen die Schmidts kein Reihenhaus „von der Stange", zumal sie es im Laufe der Jahrzehnte mehrfach erweiterten, um ihren zunehmenden Raumbedarf zu befriedigen. Der aufwendigste Umbau war ausgerechnet im vollen Gange, als Helmut Schmidt im Mai 1974 überraschend in das Bundeskanzleramt einzog. Bei dieser Baumaßnahme vertraute das Ehepaar Schmidt einmal mehr auf die Kompetenz der Neuen Heimat mit ihren Hausarchitekten und kooperierenden Firmen. Die Planungen für die beträchtliche Erweiterung des Doppelhauses reichten bis zu einer Baubesprechung im Mai 1972 zurück, als Schmidt noch Verteidigungsminister war. Angebaut wurden auf rund 110 Quadratmetern ein Esszimmer für zwölf Personen, eine kleine, für die 1970er Jahre zeittypische Hausbar und ein beheiztes Schwimmbad inklusive Sauna. Dadurch verdoppelte sich die Wohnfläche fast. Überdies ließen die Schmidts – auf dem bisher von ihnen gepachteten Grundstück zum Neubergerweg hin – in Verbindung mit einem Nachbarn fünf Garagen errichten. Zugleich nutzten sie die Gelegenheit, um ihre Küche zu modernisieren und das gesamte Haus mit Aluminiumfenstern und Rollläden auszustatten.

Das Richtfest wurde am 19. April 1974 mit zahlreichen Gästen aus Familie, Nachbarschaft und aus der Führungsriege der Neuen Heimat ausgiebig gefeiert, was eines der sorgfältig aufbewahrten Fotoalben der Schmidts eindrucksvoll dokumentiert. Unter anderem sorgte der Hausherr mit seiner elektronischen Orgel für Stimmung.

„DIE ZAHL MEINER PRIVATEN AKTEN UND BÜCHER NIMMT SCHNELL ZU. ICH MUSS IN ABSEHBARER ZEIT VIELES AUS MEINER BONNER WOHNUNG HERAUSNEHMEN UND IN HAMBURG UNTERBRINGEN."

Nachdem die Mutter von Helmut Schmidt bereits 1968 gestorben und sein 85-jähriger Vater im Januar 1974 in eine Seniorenwohnanlage umgezogen war, bewohnte zunächst seine Tochter Susanne die Doppelhaushälfte im Neubergerweg 82 allein. Im Frühjahr 1978 ging sie aus beruflichen Gründen zunächst nach Frankfurt am Main und dann nach London.

Obwohl das Ehepaar Schmidt nunmehr über beide Teile des Doppelhauses verfügen konnte, fehlte es ihm weiterhin an Platz. Es ging den Schmidts mitnichten um die Schaffung von zusätzlicher Wohnfläche. Vielmehr waren das Privatarchiv, das Helmut Schmidt bald nach dem Zweiten Weltkrieg für seine politische Tätigkeit angelegt hatte, und die reichhaltige Bibliothek beständig gewachsen, sodass weiterer Lagerraum benötigt wurde. Mit dem „Anbau eines Akten- und Bücher-Archiv-Raumes" beauftragte Schmidt wiederum die Neue Heimat. Das 1978 fertiggestellte Gebäude schloss unmittelbar an die Südwestseite der Doppelhaushälfte im Neubergerweg 82 an und kam vom Erdgeschoss bis zur oberen Etage ohne Zwischendecke aus. Das Ziel war es, darin mit Hilfe einer ausgeklügelten Konstruktion so viele Metallregale für Aktenordner und Bücher wie nur möglich unterzubringen. Nach dieser Hauserweiterung, die auf praktisch-funktionalen Überlegungen basierte, gönnten sich die Schmidts kleinere Luxusanschaffungen: Seit 1984 bot ein Whirlpool „eine große Labsal", wie Helmut Schmidt dem verantwortlichen Architekten schrieb, als er ihn an die Übersendung der Rechnung erinnerte. Außerdem wurde 1989 für Loki Schmidt, die als Botanikerin ausgedehnte Expeditionsreisen unternahm, ein Gewächshaus im Garten aufgestellt.

Schließlich erwarben die Schmidts im Jahr 1992 die ihrem Grundstück gegenüberliegende Doppelhaushälfte im Neubergerweg 86, die ihr Nachbar, ein verwitweter Rentner, zum Verkauf angeboten hatte. Ein vorübergehend geplanter Verbindungsbau zum sogenannten alten Archiv neben dem Haus mit der Nummer 82, wo sich das Papier mittlerweile vom Fußboden bis zum Dach stapelte, wurde angesichts der zu erwartenden

Helmut und Susanne Schmidt vor dem gemauerten Kamin im Wohnzimmer.

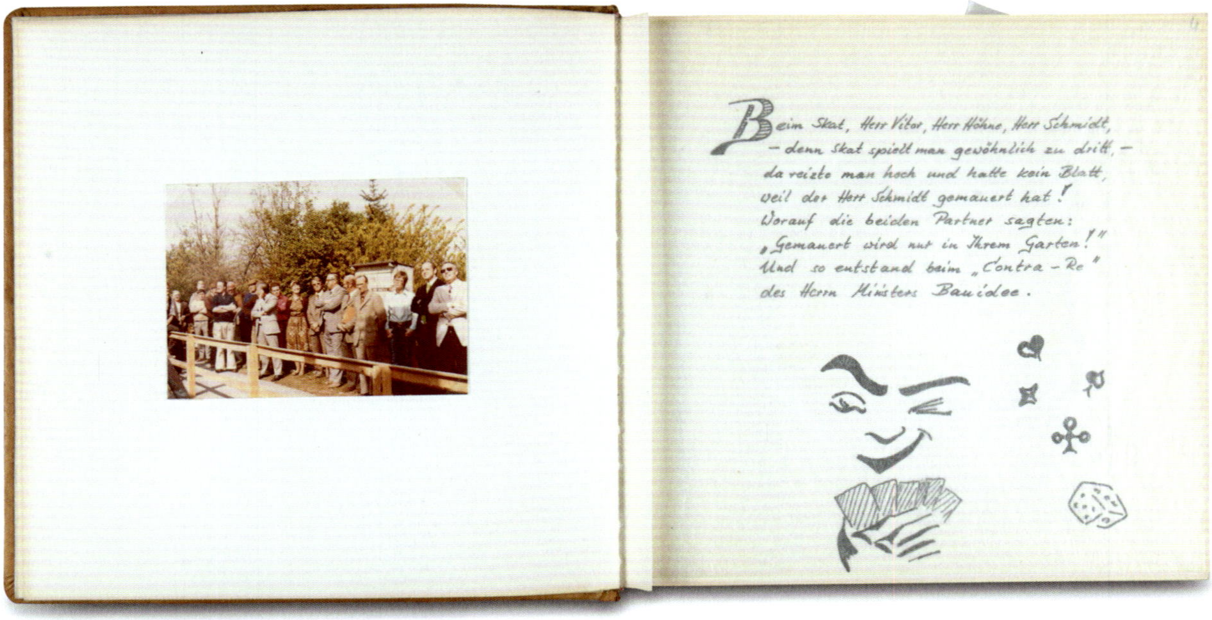

Kein Haus „von der Stange“, davon konnten sich die Gäste des Richtfests 1974 überzeugen: Die Schmidts verdoppelten beinahe ihre Wohnfläche. Angebaut wurden ein Esszimmer für zwölf Personen, eine kleine, für die 1970er Jahre zeittypische Hausbar und ein beheiztes Schwimmbad inklusive Sauna.

Richtfest am 19. April 1974 mit zahlreichen Gästen aus Familie, Nachbarschaft und aus der Führungsriege der Neuen Heimat. Helmut Schmidt, gerade noch Finanzminister und nicht bereits Bundeskanzler, sorgte an der Orgel für Stimmung.

hohen Kosten nicht realisiert, obwohl bereits ein positiv beschiedener Bauantrag vorlag. Stattdessen ließ Helmut Schmidt das Nachbarhaus von 2006 bis 2007 durch einen großangelegten Archivanbau erweitern. Dort lagern bis heute in professionellen Rollregalen seine Akten, die seiner Frau sowie der Nachlass von Willi Berkhan. Dieser archivische Schatz diente Schmidt als verlässliche Informationsquelle. Auf seinem Schreibtisch im Haupthaus steht kein Computer, und auch einen Internetanschluss gab es nicht. Wann immer Helmut Schmidt in seinem Arbeitszimmer an einer Rede, einem neuen Buch oder auch nur an einem Zeitungsartikel schrieb, konnte er sich auf seine penibel gesammelten Dokumente und die gut sortierte Bibliothek stützen.

Weit darüber hinaus steht fest: Am Neubergerweg 80 befand sich der Ruhepol von Loki und Helmut Schmidt. Von hier blickten und reisten sie in die Welt, kehrten aber stets in die Neue-Heimat-Siedlung zurück. Ihr behaglich eingerichtetes Wohnhaus bildete für sie eine wichtige Konstante, ihm blieben sie bis zu ihrem Lebensende treu.

HERZLICH WILLKOMMEN ZU EINER ZEITREISE DURCH EIN HALBES JAHRHUNDERT DEUTSCHER GESCHICHTE. 49 JAHRE LEBTEN LOKI UND HELMUT SCHMIDT GEMEINSAM IN DEM VIELZITIERTEN REIHENHAUS IN LANGENHORN, DAS STRENG GENOMMEN EIN DOPPELHAUS IST. IN SEINEM URSPRÜNGLICHEN ZUSTAND SPIEGELT JEDER RAUM DAS LEBEN UND WIRKEN SEINER BEWOHNER WIDER.

RUNDGANG

AUF DEN SPUREN VON LOKI UND HELMUT SCHMIDT

DREI DOPPELHAUSHÄLFTEN

1961 zogen die Schmidt in die vordere Doppelhaushälfte am Neubergerweg 80 ein. Später kam die hintere Hälfte (Hausnummer 82) dazu, in der zunächst Schmidts Eltern Gustav und Ludovika gewohnt hatten. 1992 erwarben sie die gegenüberliegende Doppelhaushälfte (Nummer 86). Dieses Gebäude wurde von 2006 bis 2007 durch einen großangelegten Archivanbau erweitert.

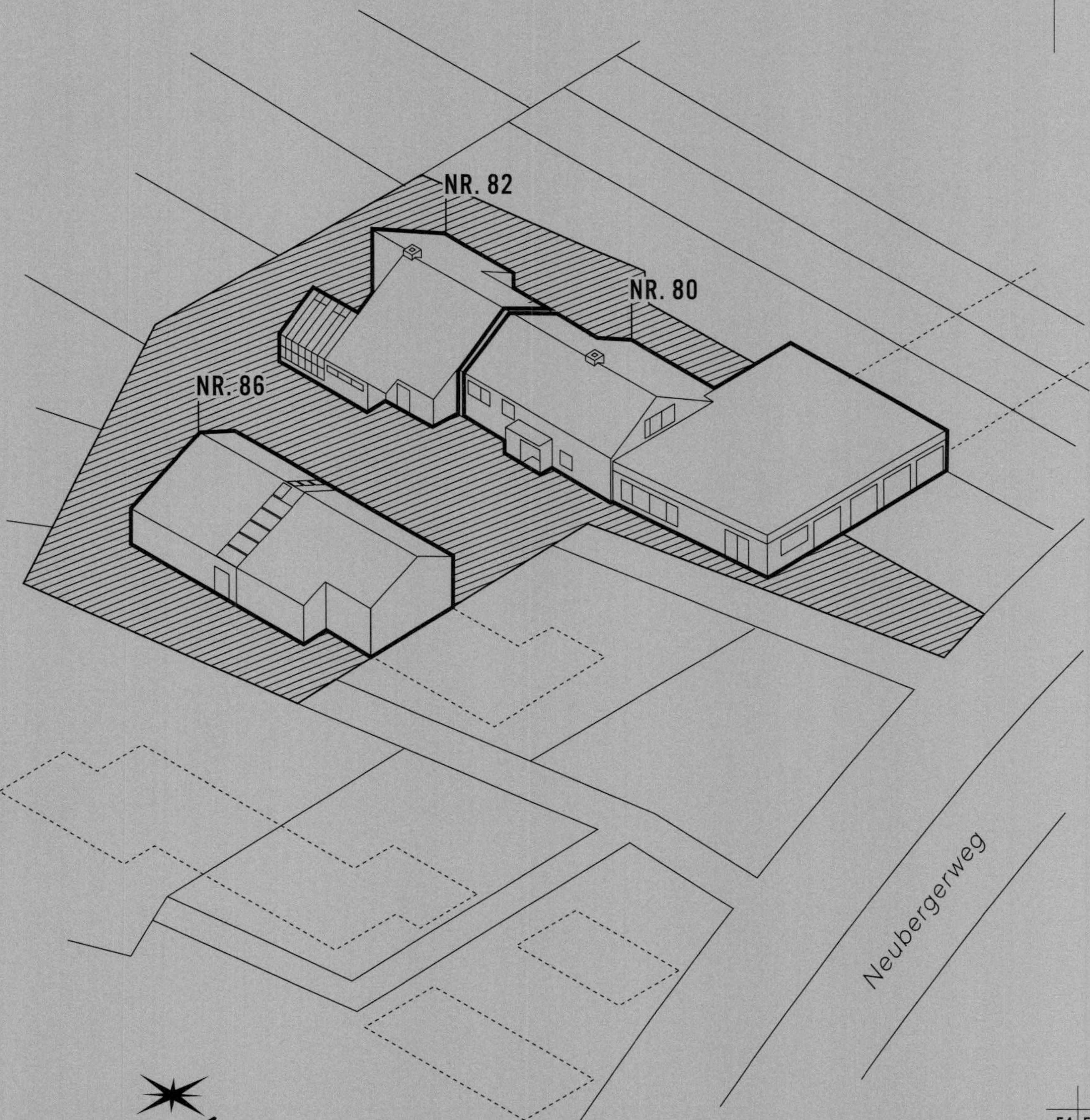

DER RUNDGANG

Die Führung beginnt am Gartentor mit der Polizeiwache. Sie führt durch den Flur in das Erdgeschoss des Wohnhauses. Nach einem Abstecher in das Arbeitszimmer geht es weiter durch das Wohnzimmer, die Bar, das Esszimmer und die Küche, zurück in den Garten und in das gegenüberliegende Archiv.

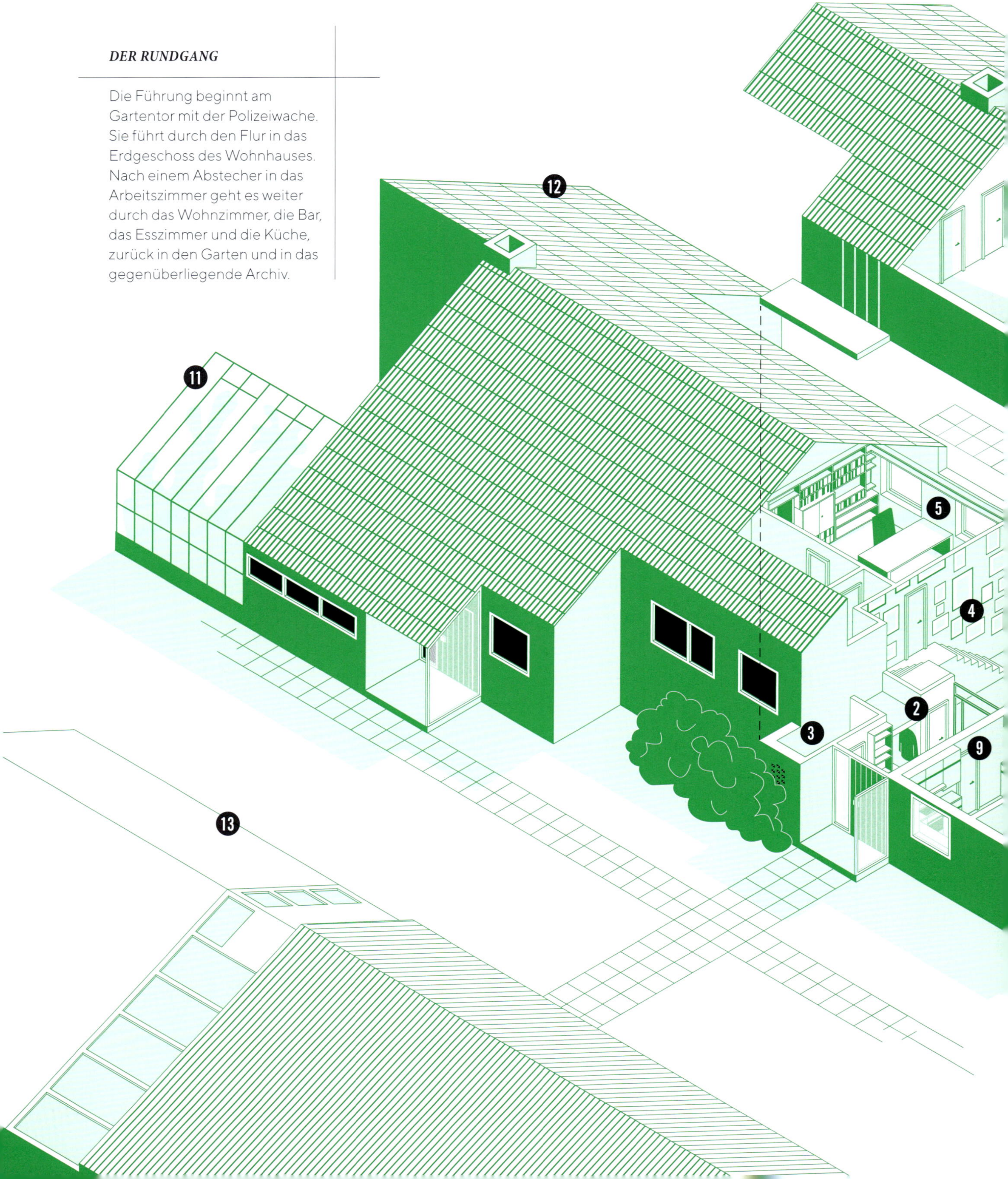

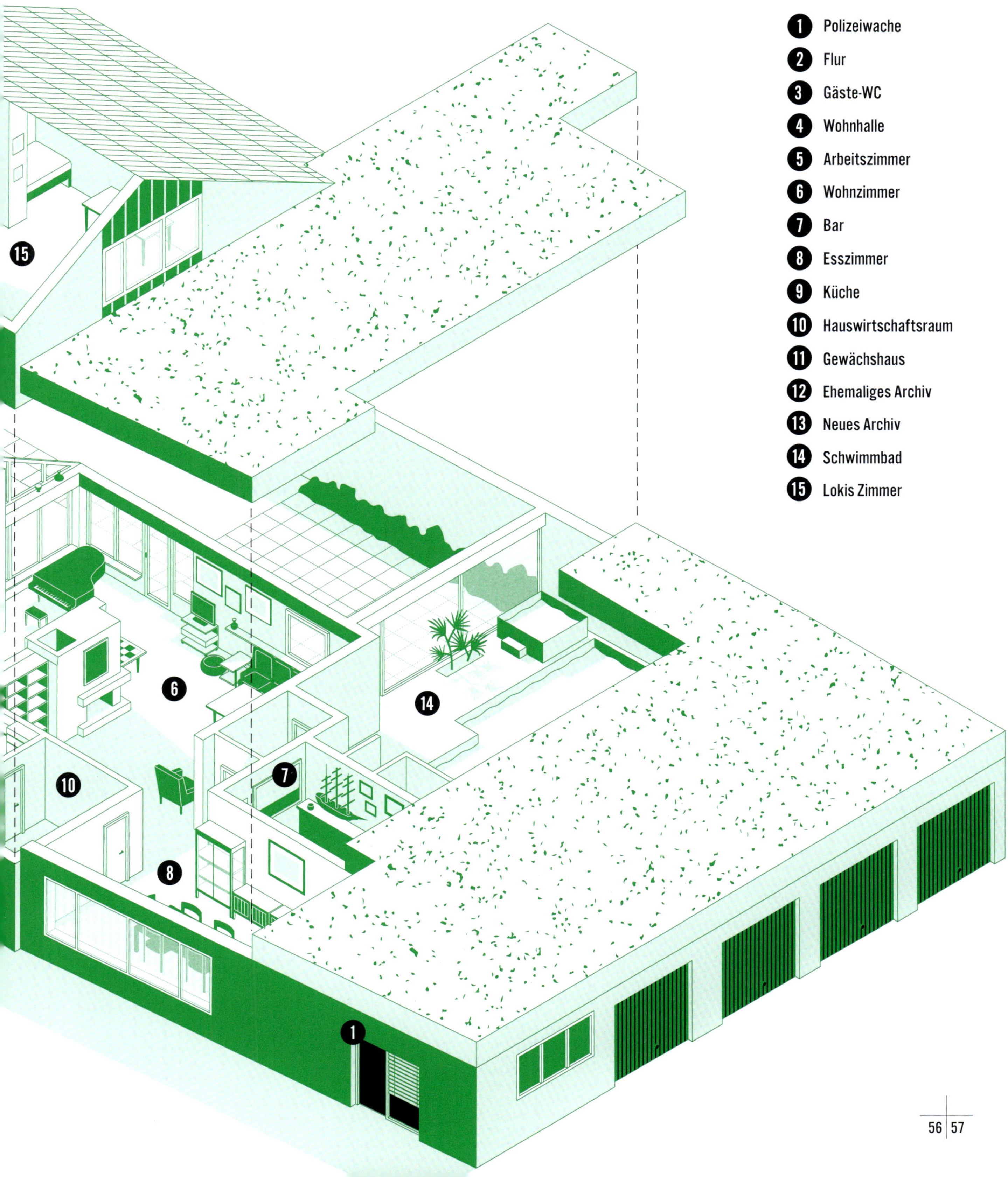

1 Polizeiwache
2 Flur
3 Gäste-WC
4 Wohnhalle
5 Arbeitszimmer
6 Wohnzimmer
7 Bar
8 Esszimmer
9 Küche
10 Hauswirtschaftsraum
11 Gewächshaus
12 Ehemaliges Archiv
13 Neues Archiv
14 Schwimmbad
15 Lokis Zimmer

Hinter dem Eisentor ist das Grundstück mit Kameras gesichert. Rechts befindet sich die Polizeiwache.

BMZ

Von einem Schaltpult steuerte die Polizei die Überwachungskameras, die Alarmanlage und die Beleuchtung.

Die Polizeiwache an der Gartenpforte war bis zu Helmut Schmidts Tod im November 2015 rund um die Uhr besetzt.

Durch die schlichte Haustür aus verstärktem Aluminium geht es in das Wohnhaus der Familie Schmidt.

Ein Relikt aus den 1960er Jahren: Das Klingelschild ziert nur der Name des Hausherrn.

SCHNÖRKELLOS WIE DIE BEWOHNER

Im Flur hängt das kleine Metallschild an seiner goldenen Kordel. „Wir sind die Schmidts" steht in braunen Lettern darauf geschrieben – schnörkellos und pointiert, wie seine Eigentümer.

VIER NOLDE UND EIN STRAUSS PLASTIKBLUMEN

MIT DEM SCHRITT IN DEN GERÄUMIGEN FLUR BEGINNT DIE ZEITREISE. AUF DEN ERSTEN BLICK WIRKT DER EINGANGSBEREICH HERRLICH PROFAN.

RITTO

1974 wurde der etwa fünf Quadratmeter große Flur neu gestaltet.

Text: Franziska Zollweg

Die Jahrzehnte haben sich über seinen Glanz gelegt, und so übersieht man das kleine Schild über der Türklingel leicht. „Helmut Schmidt“ steht da, in schnörkellosen Lettern ins Metall graviert. Der Hausherr allein repräsentiert die Familie nach außen – so war es üblich, als Loki und Helmut Schmidt 1961 ihr Haus in Hamburg-Langenhorn bezogen.

Mit dem Schritt in den geräumigen Flur setzt sich die Zeitreise fort. Hier und in der gesamten unteren Etage steht man auf dunkelroten Steinfliesen – pflegeleicht und beständig. Die Wände samt Zimmerdecke sind mit beigefarbener Grasfasertapete bezogen. Was heute altbacken wirken mag, galt 1974, als der Eingangsbereich zuletzt gestaltet wurde, als Ausdruck von Qualitäts- und Stilbewusstsein. Die üppige Garderobe ist mit Regalböden versehen, in denen kleine Vasen und Schälchen sorgsam aufgereiht sind. Spazierstöcke schauen aus einem Schirmständer, ein Strauß Plastikblumen steht einsam auf einer Holzkommode: Auf den ersten Blick wirkt der Eingangsbereich herrlich profan.

Den entscheidenden Stilbruch bilden die Gemälde: Vier Werke von Emil Nolde schmücken die Wände, unter anderem die Radierung „Hamburg Freihafen“ und das Aquarell „Dampfer“. In einem Gespräch mit dem *Zeit*-Journalisten Hanno Rauterberg bekannte Helmut Schmidt, er sei seit Kindheitstagen ein Anhänger von Nolde. Bereits 1948 als Student auf einer Studienfahrt nach England habe er eine Nolde-Grafik erworben. Im Laufe seines Lebens sammelte Schmidt acht Werke des deutschen Expressionisten. Teil seiner Sammlung sind die Aquarelle „Bei der Schleuse“, ein Geschenk des Hamburger Unternehmers Werner Otto aus dem Jahr 1977, und „Dahlien“, das ihm Kurt Körber im Namen des Bergedorfer Gesprächskreises 1978 zu seinem 60. Geburtstag überreichte.

Die skurrile Mischung aus Kunst und Banalem setzt sich im kleinen Gäste-WC links hinter der Eingangstür fort. In dem dunklen Holzregal neben dem Waschbecken fallen zwei kuriose Salz- und Pfefferstreuer auf.

Schmidt und Strauß auf dem Gäste-WC

Auch im kleinen Gäste-WC links vom Eingang setzt sich die skurrile Mischung aus Kunst und Banalem fort: Neben Radierungen des norddeutschen Künstlers Michael Wolff stehen einfachste Statuetten, darunter auch ein Salz- sowie ein Pfefferstreuer aus Ton – Karikaturen von Helmut Schmidt und seinem einstigen politischen Gegenspieler Franz Josef Strauß. Dass Schmidt das Set ausgerechnet auf dem Gäste-WC platzierte, zeugt von Humor – und Kalkül. Denn wer auch immer im Hause Schmidt zu Gast war, wird von diesen Figuren erzählt haben. Schmidt selbst sprach auch anerkennend über seinen Widersacher: „Er war ein ernstzunehmender Gegner, eine wirkliche politische Potenz.“

„ER WAR EIN ERNSTZUNEHMENDER GEGNER“

Helmut Schmidt, der Amtsinhaber, ist staatsmännisch im schwarzen Anzug dargestellt. Sein Herausforderer im Rennen um das Kanzleramt, der Bayerische Ministerpräsident Franz-Josef Strauß, trägt Lederhose und hält ein Bierglas in der Hand: Die etwa zwölf Zentimeter hohen Tonfiguren, ein Set Salz- und Pfefferstreuer, waren beliebte Scherzartikel während des Wahlkampfs 1979/1980. Helmut Schmidt, der seinen Kontrahenten als „politische Potenz“ anerkannte, platzierte die Figuren auf der Gästetoilette.

IMMER GRIFFBEREIT

Der klassische Gehstock aus Holz mit seinem abgekrümmten Griff und der Metallspitze ist neben den Mentholzigaretten das Markenzeichen Helmut Schmidts gewesen. Seit Anfang der 1990er Jahre war er auf die Stütze angewiesen. Später nutzte er einen Rollstuhl, weil ihm das Gehen am Stock Schmerzen bereitete. Die hölzerne Gehhilfe durfte dennoch nicht fehlen. Heute wie damals steht sie in dem Schirmständer neben der Garderobe.

EIN HÄCKEL FÜR DEN BUNDESKANZLER a. D.

Dieser sogenannte Ehrenhäckel soll Helmut Schmidt 1989 anlässlich seines Abschieds aus dem Aufsichtsrat der Ruhrkohle AG überreicht worden sein. Der Handgriff besteht aus einer golden verzierten Spitze und einem mittig angebrachten Messingschild: „Helmut Schmidt, Bundeskanzler a. D., Mitglied des Aufsichtsrates der Ruhrkohle AG von 1984–1989“ ist hineingraviert worden. Ursprünglich diente der Häckel den Bergbausteigern als Werkzeug und Gehhilfe. Er ist im Ruhrgebiet bis heute ein beliebtes Geschenk für Ehrengäste.

„DER GLÜCKSFALL EINER GUTEN SCHULE“ (HELMUT SCHMIDT, 1992)

Ab 1929 besuchten Loki und ihr späterer Mann Helmut Schmidt gemeinsam die Sexta der reformierte Hamburger Lichtwarkschule. Hier haben sie den ersten bewussten Zugang zur Literatur, zur bildenden Kunst und zur Musik erhalten, so Schmidt über diese Zeit. Das spiegelt auch das Interieur wider: Unzählige kunst- und wertvolle Gemälde befinden sich hier, wie zum Beispiel der „Dampfer (Hamburger Hafen)“ von Emil Nolde aus dem Jahr 1910, der neben drei weiteren Werken des Expressionisten im Flur hängt.

„ICH BIN EIN ANHÄNGER VON EMIL NOLDE, SEITDEM ICH 13 JAHRE ALT WAR."

Auf dem Foto sind Loki Schmidt und Wilfriede Berkhan zu sehen, hinter ihnen der Hamburger Stifter Kurt Körber. Anlässlich Schmidts 60. Geburtstag richtete dieser für seinen Freund eine glanzvolle Feier aus und schenkte dem Jubilar im Namen des Bergedorfer Gesprächskreises, Hans Apels und der Tochter Susanne Schmidt das Nolde-Aquarell „Dahlien". Einige Tage später dankte ihm Schmidt in einem langen Brief „für den schönen Nolde".

RECHT AUF RAUCH

Ein Roulette-Aschenbecher war immer griffbereit: auf dem Schreibtisch, im Esszimmer oder neben dem Schachtisch. Der blaue Dunst war eines von Loki und Helmut Schmidts Markenzeichen – und ein Anachronismus in einer Öffentlichkeit, die weitgehend rauchfrei geworden war. Schmidt indes genoss das Privileg weiterzurauchen, wo immer es ihm passte.

GALERIE UND KONZERTSAAL

RECHTS DIE HEISIG-WAND, GEGENÜBER DIE TREPPE MIT MACKE, MUNCH UND JANSSEN, GERADEAUS DER FLÜGEL: DIE WOHNHALLE IST DER ORT IM HAUSE SCHMIDT, DER GANZ IM ZEICHEN VON KUNST UND MUSIK STEHT.

Blick von der Halle über den Schachtisch ins Wohnzimmer und weiter Richtung Esszimmer. Die bewegten Leben von Loki und Helmut Schmidt haben sich tief in das Haus eingeschrieben.

Die Kunst hat Loki und Helmut Schmidt ein Leben lang begleitet. An vielen Wänden, wie entlang der Treppe in der Halle, ist kein Platz für weitere Gemälde mehr frei.

Der Steinway-Flügel steht vor der großen Fensterfront. Hier spielte Schmidt mit Blick in den Garten.

TITELANWÄRTERIN

Als Kind überragte Hannelore „Loki" Schmidt ihre Mitschüler, darunter auch Helmut Schmidt, der auf diesem Foto rechts neben ihr zu sehen ist. Die Aufnahme ist 1929 entstanden auf Schmidts nachträglicher Geburtstagsfeier. Dass Loki ihr ausgeprägtes Gerechtigkeitsempfinden auch mit den Fäusten durchsetzte, trug ihr den Spitznamen „Schmeling" ein. Das ersehnte Biologiestudium blieb ihr als junger Frau verwehrt, zu akademischen Ehren kam sie später dennoch: 1999 verlieh ihr der Hamburger Senat eine Ehrenprofessur, 2000 folgte der Ehrendoktortitel der Universität Hamburg.

HANDARBEIT

Von der Halle aus ist man mit nur einem Schritt im Garten, in dem Loki Schmidt Regie führte. So pflanzte sie Kamelien hinter dem Haus, die jetzt bis in den ersten Stock ragen. Allzu oft kam die Schere allerdings nicht zum Einsatz. Loki Schmidt, die schon als Kind von Pflanzen fasziniert war und Biologie studieren wollte, ließ sie am liebsten wachsen. „Wir sind hier kein so glattgeleckter Garten", sagte sie.

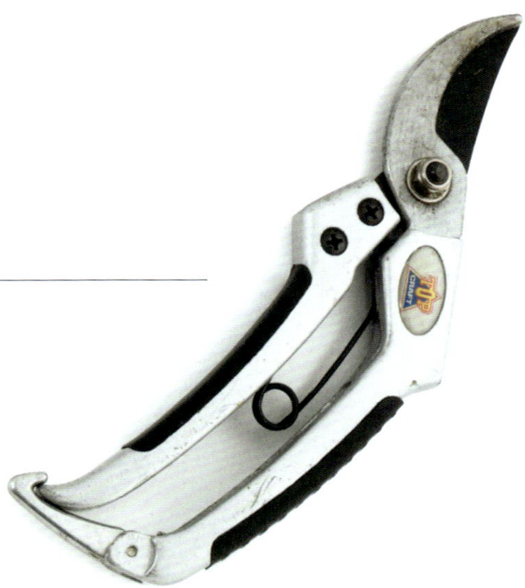

MORALISCHER KOMPASS

Auf dem Sideboard vor der Treppe steht diese Statue von Immanuel Kant. Helmut Schmidt war vom „Kategorischen Imperativ" des Königsberger Philosophen fasziniert. Der lautet, kurz gesagt: „Behandle andere so, wie du von ihnen behandelt werden willst." Kants Schriften gehörten zu Schmidts „philosophischer Hausapotheke" – jenen Werken, in denen er vor wichtigen politischen Entscheidungen Rat suchte.

„LIEBE LOKI SCHMIDT" – „IHR HORST JANSSEN"

Zwanzig Jahre wechselten die Schmidts, meist Loki Schmidt, und Horst Janssen (1929–1995) Briefe. Mehrfach luden sie den Künstler ein, doch statt persönlich zu erscheinen, schickte er lieber eine seiner Brief-Zeichnungen.

Text: Friederike Weimar

Der Weg zu Helmut und Loki Schmidt führt durch den „Nolde-Flur“, vorbei an einer Vitrine mit Kleinplastiken und der „Heisig-Wand“. Die Treppe hinauf passiert man Janssen, Schmidt-Rottluff, Macke und Munch, im Arbeitszimmer von Helmut Schmidt stehen Figuren von Franz Kaiser und hängen Aquarelle von Christian Modersohn, in seinem Schlafzimmer Ölgemälde von Olga Bontjes van Beek. Unten im Wohnzimmer dominieren Worpsweder und Fischerhuder Künstler die Wände – wie etwa Paula Modersohn-Becker, Otto Modersohn, Fritz Overbeck, Hans am Ende. In der Bar geht es maritim zu, mit Segelbooten und Meereswogen. Das Esszimmer gehört Ernst Barlach und Bildern mit Hamburger Motiven – viele von Künstlern der Stadt gemalt. Jedes Werk kann eigene Geschichten erzählen: über sich selbst, seinen Schöpfer und über die Bedeutung, die es speziell für Loki und Helmut Schmidt hatte.

Für sie gehörte Kunst zum Leben dazu. Loki Schmidts Familie war ausgesprochen musisch: Der Vater malte, die Familie musizierte zusammen. Kunstgenuss und eigenes künstlerisches Tun waren für sie ganz selbstverständlich. Loki Schmidt malte ebenfalls und spielte Geige, Bratsche und später Flöte. Für die Porzellanmanufaktur Rosenthal bemalte sie einmal eine Serie von Tellern mit Pflanzenmotiven, die zugunsten ihrer Naturschutzstiftung (heute Loki Schmidt Stiftung) verkauft wurde, und auch die *Blume des Jahres*, mit der die Stiftung jedes Jahr auf gefährdete Pflanzen aufmerksam macht, zeichnete sie immer selbst.

Helmut Schmidt besuchte während seiner militärischen Ausbildung in der Nähe von Bremen oft das Künstlerdorf Fischerhude, wo Freunde seiner Familie lebten. Vor allem das offene Haus der Tänzerin und Malerin

Ähnlich wie die Begeisterung für die Malerei von Emil Nolde verwob Helmut Schmidt auch seine Passion für die Skulpturen von Ernst Barlach (1870–1938) mit politischem Handeln.

„BILDER SIND ALSO EINE SEHR LEBENDIGE UMGEBUNG.“

LOKI SCHMIDT

Ausschließlich im Privaten blieb die Sympathie für den „Inflationsheiligen" Franz Kaiser (1888–1971), von dem Helmut und Loki Schmidt seit den 1950er Jahren Werke sammelten.

Olga Bontjes van Beek zog ihn an. Seine Passion für das Klavierspiel, die sogar zu zwei Schallplattenaufnahmen führte, ist bekannt.

Das künstlerische Interesse beider, Loki und Helmut Schmidts, war auf der Lichtwarkschule, einer Reformschule, gefördert worden. Er erinnerte sich, dass sie sich als junges Paar an den Schaufenstern der Hamburger Galerien die Nasen plattgedrückt hatten, um Werke der Expressionisten zu bestaunen. Um 1943 kauften sie zum ersten Mal gemeinsam ein Bild: die „Barmbeker Hinterhöfe“, gemalt von Hugo Schmidt (1890–1986), einem Freund der Familie von Helmut Schmidt. Das Bild begleitete sie durch die Kriegszeit, wurde im Rucksack mitgeschleppt und hatte immer einen Ehrenplatz im Haus. Heute hängt es bei der Tochter Susanne.

Als Politiker konnte Helmut Schmidt seine persönliche Begeisterung für expressionistische Kunst mit diplomatischem Handeln verbinden: Das Kanzleramt wurde zur Galerie mit wechselnden Ausstellungen ebenjener ehemals verfemten Künstler, sein Büro dort mit Museumsleihgaben zum Nolde-Zimmer. Ein deutsch-deutsches Gipfeltreffen mit Erich Honecker bekam, abseits vom offiziellen Teil, eine verbindende Konnotation durch Schmidts Wunsch, den Güstrower Dom zu besuchen, um den „Schwebenden Engel“ von Ernst Barlach zu sehen. Und mit Bernhard Heisig wählte Helmut Schmidt nicht nur bewusst einen Künstler aus der DDR für sein Porträt für die (von ihm initiierte) Bundeskanzlergalerie, sondern auch einen, der den nun ehemaligen Kanzler mit expressiver Verve im Bildnis festhielt.

Doch sosehr Schmidt es verstand, die Kunst politisch zu nutzen, so sehr offenbart die private Sammlung von Loki und Helmut Schmidt doch auch ihre persönliche Leidenschaft für Kunst. Werke wurden nicht systematisch, sondern aus dem Bauch heraus gekauft und die Gemälde dicht bei dicht

Bilder von Alster, Hafen und Elbe, gemalt von bekannten und unbekannteren Künstlern, prägen das Esszimmer. So auch das „Uhlenhorster Fährhaus" von Ernst Eitner (1867–1955).

über- und untereinander, in der sogenannten Petersburger Hängung, an den Wänden platziert. Ausschlaggebend für den Erwerb eines Werks waren häufig die Motive und die Malweise. Der Künstlername spielte weniger eine Rolle. Und so sind die Kunstwerke der Schmidts in bunter Mischung platziert – hochkarätige Werke neben weniger anspruchsvollen, Arbeiten internationaler Stars neben denen gänzlich unbekannter Künstler. Dazu gesellen sich Selbstgebasteltes und Andenken von Reisen aus aller Welt.

Kunstwerke waren für beide wie Freunde, die ihr Leben begleiteten: „Irgendwie sprechen Bilder einen immer wieder neu an, sie erzeugen jede Woche eine neue Emotion. Bilder sind also eine sehr lebendige Umgebung", erklärte Loki Schmidt 2010 in einem Interview.

„WIE AUS POLITIK KUNST UND AUS EINEM AUFTRAG FREUNDSCHAFT ENTSTEHT“

So überschreibt die Kunsthistorikerin Kristina Volke ihren aktuellen Aufsatz über das Verhältnis zwischen Schmidts und Heisigs. Der Porträtauftrag für die von Schmidt initiierte Kanzlergalerie im Bundeskanzleramt hatte das Künstlerpaar und das politisch tätige Paar über die innerdeutsche Grenze hinweg zusammengeführt. Die Öl-Skizze zum Kanzlerporträt schenkte Bernhard Heisig (1925–2011) Helmut Schmidt. Das Porträt, das Gudrun Brüne-Heisig (*1941) von Loki Schmidt gemalt hatte, erwarb Helmut Schmidt kurz nach dem Tod seiner Frau. Beide hängen heute umrahmt von weiteren Werken der Künstler in der Halle ihres privaten Wohnhauses.

PAULA MODERSOHN-BECKER (1876–1907)

Als junges Mädchen fuhr Loki Schmidt mit ihrem Vater ein erstes Mal mit dem Fahrrad nach Worpswede, Helmut Schmidt besuchte ein paar Jahre später regelmäßig die befreundeten Familien Bontjes van Beek und Modersohn im Nachbardorf Fischerhude. Später reisten beide gemeinsam in die Künstlerorte. Die Bilder der Freunde prägen das Wohnzimmer. „Sitzender Junge in den Dünen" hängt neben dem Fernseher.

CHRISTIAN MODERSOHN – EIN „WEGGEFÄHRTE"

Nach dem frühen Tod von Paula Modersohn-Becker heiratete Otto Modersohn erneut und wurde Vater weiterer Kinder, darunter Christian Modersohn (1916–2009), der die Künstlertradition der Familie fortsetzte. Zu ihm pflegte Helmut Schmidt eine besonders herzliche Freundschaft. Von Christian Modersohn stammt auch das Werk „Sommerabend über der Wümme" im Wohnzimmer.

KUNST VOR DEM KANZLERAMT IN BONN

Der englische Bildhauer Henry Moore (1898–1986) arbeitete mit Assoziationen zu den Formen seiner Plastiken und den gewährten Durchblicken auf die landschaftliche Umgebung. Als „visiting card", als Zeichen von „open-mindness" und „liberality" (so Schmidt in einem Brief an Moore) ließ der Kanzler 1979 eine große Arbeit von ihm vor dem Kanzleramt platzieren. Diese Kleinplastik zog in die Vitrine im privaten Wohnhaus ein.

WILLI BERKHAN – EIN ENGER FREUND IM PORTRÄT

Karl Wilhelm „Willi" Berkhan gehörte zu den engsten Freunden Helmut Schmidts. Sie lernten sich 1945 im Sozialistischen Deutschen Studentenbund kennen. Später teilten sie sich eine Wohnung in Bonn. Während der Kanzlerschaft von Schmidt war Berkhan Wehrbeauftragter. Als er 1994 verstarb, war der Altkanzler tief betroffen: „Willi Berkhan haben wir immer als Teil unserer Familie betrachtet. Für mich ist [er] der ältere Bruder gewesen." An Berkhan erinnert ein Porträt von Meike Lipp (*1955), das seinen Platz in der Halle fand.

MIT EMIL NOLDE AM ESSTISCH

Im Sommer 1910 hatte Emil Nolde (1867–1956) sich hier, an der Hoyerschleuse, einquartiert, um seine Lieblingsmotive – das Meer und den Himmel über Schleswig-Holstein – in Malerei zu übersetzen. Seine Verfemung unter dem NS-Regime inszenierte er später sehr populär. Wissenschaftler und Kuratoren machten die Beschönigungen der Vita des Künstlers erst in den letzten Lebensjahren von Helmut Schmidt bekannt. Der Maler hatte zu den „Fixsternen" des Ehepaares gehört. Immer wieder nutzte Helmut Schmidt seine private Begeisterung für Nolde öffentlich als Symbol der Distanzierung vom Nationalsozialismus – der persönlichen und der der Bundesrepublik.

Schmidts Steinway-Flügel steht zwischen Halle und Wohnzimmer. Hier spielte er viele Stunden – am liebsten Bach.

Im Dezember 1965 spielte Helmut Schmidt, hier im Langenhorner Haus, noch auf einer portablen elektronischen Orgel, die später ihren Weg in den Bonner Kanzlerbungalow fand. Zuhause folgte ihr ein Klavier der Marke Imbach, bevor Schmidt 1987 den Steinway-Flügel kaufte.

Text: Johannes Zechner

Die Musik hat im Hause Schmidt einen Ort, der kaum zu übersehen ist. Auf dem Weg von der Halle, in der die Kunst dominiert, hinüber zum Wohnzimmer, das von Bücherwänden gerahmt ist, steht ein schwarzer Steinway-Flügel. Wenngleich der S-155 das kleinste Modell der renommierten Marke ist, misst er doch in Länge wie Breite knapp eineinhalb Meter. Hier, vor der Fensterfront mit Blick in den Garten, verbrachte Helmut Schmidt so viele Stunden wie angesichts seiner langen Arbeitstage nur möglich.

Kurz vor Weihnachten 1981 nahm der bekennende Hobbymusiker mit den professionellen Pianisten Christoph Eschenbach und Justus Frantz sowie dem London Philharmonic Orchestra das Konzert für drei Klaviere und Orchester F-Dur (KV 242) von Wolfgang Amadeus Mozart auf.

BACHS MUSIK ALS QUELLE INNEREN FRIEDENS

„Am meisten hat mich damals das Tempo überrascht, mit dem Eschenbach vom Flügel aus dirigierte. Ich war seinem Tempo technisch nur mit größter Mühe gewachsen. Trotz dieser Herausforderung hat das gemeinsame Musizieren Spaß gemacht", berichtete Schmidt von den Aufnahmen in den berühmten Abbey Road Studios, in denen auch die Beatles ihre Schallplatten produziert haben. Im Frühjahr 1985 folgte dann eine Aufnahme von Johann Sebastian Bachs Konzert für vier Klaviere und Streicher a-Moll (BWV 1065), gemeinsam mit Eschenbach, Frantz sowie Gerhard Oppitz und den Hamburger Philharmonikern. „Bachs Musik ist also an vielen Stellen des Lebens für mich immer erneut eine Quelle des inneren Friedens gewesen – zugleich der Sammlung der eigenen Kräfte und eine Quelle der inneren Gelassenheit", erklärte Schmidt.

Diese beiden Tonträger finden sich auch in der umfangreichen Schallplattensammlung von Helmut und Loki Schmidt, die nach einer Zwischenstation an der Hochschule für Musik und Theater Hamburg nun wieder ihren angestammten Platz im Neubergerweg gefunden hat. Unter den rund 2500 Platten ist die Musik von Wolfgang Amadeus Mozart und Johann Sebastian Bach prominent vertreten, daneben aber ebenso einige Jazzplatten sowie Aufnahmen literarischer Texte und politischer Reden.

Zu den tragischen Wendungen in seinem Leben gehörte der zunehmende Verlust seiner Hörfähigkeit. So äußerte er 2003 bei einem Festkonzert der von ihm mitbegründeten Deutschen Nationalstiftung: „Es ist ein großer Schmerz meines Alters, dass ich nach weitgehendem Verlust meines Gehörs Musik nicht mehr vernehmen kann."

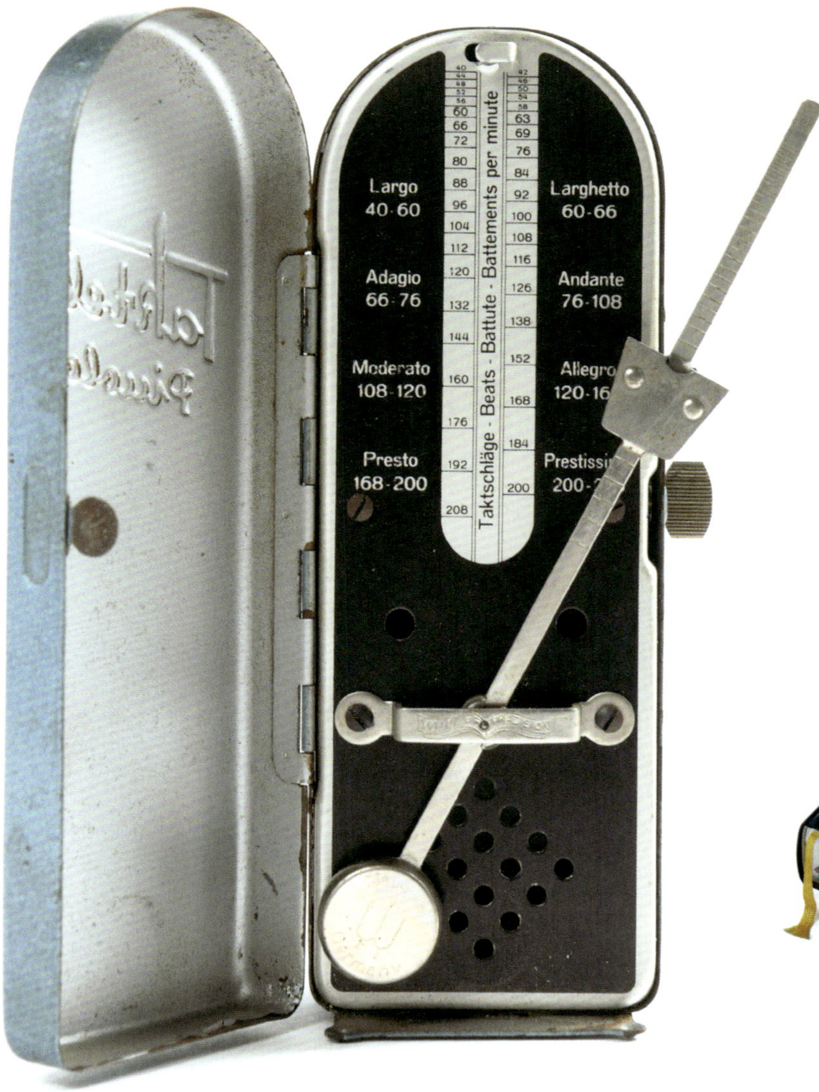

MUSIKALISCHE GRUNDAUSSTATTUNG

Ein mechanisches Metronom der Marke Taktell gab in Langenhorn den Takt vor. Zudem finden sich auf dem Flügel Johann Sebastian Bachs „Notenbüchlein für Anna Magdalena Bach" sowie ein evangelisches Gesangsbuch. Schmidt, der sich als nicht religiös bezeichnete, schätzte die Kirchen als Instanzen der Wertevermittlung.

„ICH WAR SEINEM TEMPO TECHNISCH NUR MIT GRÖSSTER MÜHE GEWACHSEN."

1981 – kurz vor Heiligabend – spielte Helmut Schmidt in den Londoner Abbey Road Studios mit den Pianisten Christoph Eschenbach, Justus Frantz (rechts) und dem London Philharmonic Orchestra Mozarts Konzert für drei Klaviere und Orchester ein. Nach sechs Stunden war die rund 25-minütige Aufnahme im Kasten. Die BBC berichtete noch am selben Abend über den musizierenden Kanzler, der Beitrag wurde in 64 Ländern ausgestrahlt. Seine Gage spendete Schmidt für Amnesty International.

„SELBSTBETRACHTUNGEN"

Die „Selbstbetrachtungen" des römischen Kaisers Marc Aurel brachten Helmut Schmidt durch den Zweiten Weltkrieg und blieben zeitlebens griffbereit. Sie lehrten ihn Pflichterfüllung und Gelassenheit. Sein erstes Exemplar bekam Schmidt in seinem fünfzehnten Lebensjahr zur Konfirmation geschenkt. Das hier abgebildete Exemplar stammt aus dem Jahr 1933.

„DER LIEBE GOTT HAT MICH ALS ARBEITSTIER GEBOREN."

IN SEINER „ARBEITSHÖHLE" VERBRACHTE SCHMIDT JEDEN TAG VIELE STUNDEN. UND WENN ER WIEDER EINMAL BIS SPÄT IN DIE NACHT BÜCHER GELESEN ODER MANUSKRIPTE VERFASST HATTE, HATTE ER NUR EINEN KURZEN WEG INS SCHLAFZIMMER – GLEICH NEBENAN.

2000
VOLKS-PLOETZ
PONS
PONS
CHINA

Dunkle Möbel und ringsherum Bücher – das ist das Arbeitszimmer von Helmut Schmidt.

Helmut Schmidt 1982 am Schreibtisch in seinem Arbeitszimmer. In seinem Rücken befindet sich die Vitrine, in der er seine wertvollsten Erinnerungsstücke aufbewahrte.

„GEGENWÄRTIG BIN ICH DER LEITENDE ANGESTELLTE DER BUNDESREPUBLIK DEUTSCHLAND, UND ALLE VIER JAHRE HABEN WIR EINE GENERALVERSAMMLUNG, WO EINIGE 30 MILLIONEN WAHLBERECHTIGTE BÜRGER DARÜBER ABSTIMMEN, OB IHR UNTERNEHMEN EINIGERMASSEN ANSTÄNDIG GEFÜHRT IST ODER OB ES UNZUREICHEND GEFÜHRT WORDEN IST."

HELMUT SCHMIDT, IM SOMMER 1980

Text: Hendrik Heetlage

Auf dem schweren Schreibtisch stehen ein schwarzer Roulette-Aschenbecher und ein schlanker Salzstreuer. Auf der Fensterbank daneben sind Kosmetikspiegel, Rasierapparat und Aftershave aufgereiht. Und an den Wänden ringsum: die schwerbeladenen Bücherregale. Wie kein anderer Raum im Hause erzählt das Arbeitszimmer von der Art, wie Helmut Schmidt gearbeitet und gelebt hat.

Niedrige Decke, dunkle Möbel, Erinnerungsstücke, wohin man sieht: Die Journalistin Sibylle Krause-Burger beschrieb diesen Raum einst als „Arbeitshöhle". Hier verbrachte Schmidt über Jahrzehnte hinweg täglich viele Stunden. Wenn die Zeit knapp war, nahm er hier auch sein Essen ein – daher der Salzstreuer auf seinem Schreibtisch. Und wenn er wieder einmal bis spät in die Nacht Bücher gelesen oder Manuskripte verfasst hatte, hatte er nur einen kurzen Weg ins Schlafzimmer, das sich praktischerweise direkt nebenan befindet. Man ahnt, was Schmidt meinte, als er sagte: „Der liebe Gott hat mich als Arbeitstier geboren."

Schmidt war ein Mann des gedruckten Wortes. Er verfasste zahlreiche Reden, Bücher und Zeitungsartikel, gleichzeitig war sein Leben, vor allem sein politisches, Thema zahlreicher Publikationen. Auch wenn er nicht mit allem, was über ihn geschrieben wurde, einverstanden war, so sammelte er doch alle Biographien zu seiner Person im Regal direkt hinter sich – jederzeit griffbereit. Sein Urteil über diese Schriften konnte deutlich sein. So kommentiert er eine kritische „Fallstudie", die noch vor seinem Amtsantritt als Bundeskanzler erschien, auf der letzten Seite mit einem großen mit Bleistift geschriebenen „Scheiße" (die meisten Publikationen kommen um einiges besser davon).

Münzen, Geschenke und mehr. In der Vitrine hinter dem Schreibtisch befinden sich Helmut Schmidts liebste Schätze.

Gleich unter den Schmidt-Biographien finden sich seine eigenen Publikationen sowie die berühmte „Encyclopædia Britannica". Das Nachschlagewerk durfte in keinem seiner Büros fehlen. Ein Werk von hoher Symbolik, das für sich in Anspruch nimmt, das menschliche Wissen in größtmöglicher Breite und mit hoher wissenschaftlicher Zuverlässigkeit darzustellen. Zugleich zeugt die Enzyklopädie von einer Arbeitsweise aus vergangenen Zeiten: Schmidt recherchierte gänzlich ohne Suchmaschinen im Internet. Auch ein Übersetzungsprogramm nutzte er nicht, Wörterbücher aller Art standen immer griffbereit.

Lesen und Schreiben, das war für Helmut Schmidt immer wichtig: „Jemand, der nicht liest, bleibt dumm", konstatierte er einmal. Wenn möglich, lag er im Bett nebenan jeden Abend noch eine Stunde wach und las Sachbücher – für Romane hatte er keine Zeit.

Über der „Encyclopædia Britannica" befindet sich eine Vitrine, die eine Art Heiligtum darstellt. In ihr liegen Helmut Schmidts wertvollste Schätze. Dazu gehören zahlreiche Münzen von seinen Reisen rund um die Welt, Erinnerungsstücke wie die Gedenkmünze „100 Jahre Bremerhaven" von 1927 oder Medaillen, die er für besondere Verdienste verliehen bekam, darunter eine Ehrung der Hansestadt Hamburg zur Goldenen Hochzeit des Ehepaares Schmidt. Zudem entdeckt man hier feinverzierte Schnupftabakfläschchen aus China und nicht zuletzt das kleine Schachspiel, das Schmidt 1945 in der Kriegsgefangenschaft anfertigte. Niemand außer ihm durfte die Vitrine öffnen.

Gegenüber ist das Regal mit Werken ihm wichtiger Philosophen und Staatstheoretiker, Schmidt nannte es seine „Philosophische Hausapotheke".

„JEMAND, DER NICHT LIEST, BLEIBT DUMM."

MARC AUREL DER „HAUSHEILIGE“

Die Aufzeichnungen des „Philosophenkaisers“, hier zu Pferde in Form einer kleinen Statue, begleiteten Helmut Schmidt durch die schwierigsten Phasen seines Lebens. Die sprichwörtliche „stoische Ruhe“ half vor allem in Krisenzeiten wie dem „Deutschen Herbst“ in den 1970er Jahren.

Sie umfasste die Grundlagen seines Denkens, hier suchte er immer wieder Rat bei schwierigen politischen Entscheidungen. Da ist der römische Kaiser und Stoiker Marc Aurel, dessen „Selbstbetrachtungen" voller Anmerkungen und Unterstreichungen sind. Von Aurel lernte Schmidt seit seinem fünfzehnten Lebensjahr Gelassenheit und Pflichterfüllung. Im Arbeitszimmer wird er zusätzlich mit einer kleinen Statue gewürdigt. Da ist Immanuel Kant, der Philosoph der Aufklärung, für die nüchterne Vernunft, das „pragmatische Handeln zu sittlichen Zwecken" und die Autorität des Arguments stehend. Und da ist der Soziologe Max Weber, der die Kunst der Politik einst als das „langsame Bohren von harten Brettern mit Leidenschaft und Augenmaß zugleich" definierte. Auch Schriften des von Schmidt geschätzten und ihm persönlich bekannten Philosophen Karl Popper, dem Begründer des Kritischen Rationalismus, finden sich selbstverständlich an diesem Platz.

Am Fenster steht ein unscheinbarer Globus – ein Geschenk von Loki Schmidt, dem im Mai 1978 eine besondere Rolle zukam: Beim Besuch des sowjetischen Staats- und Parteichefs Leonid Breschnew im Neubergerweg unterstützte er Schmidt und seinen Gast bei ihren Gesprächen über Geopolitik. Auf den Stühlen vor dem Schreibtisch nahmen stets Schmidts Gäste Platz, darunter auch zahlreiche frischgewählte Erste Bürgermeister der Hansestadt Hamburg. Schmidt, seinerzeit bereits Mitherausgeber der *Zeit*, bat die Regierungschefs gerne zu sich, um mit ihnen über die politische Lage zu sprechen. Ob aus Stolz oder aus Ehrfurcht: Eine Einladung des Elder Statesman Helmut Schmidt schlug man nicht aus.

An diesem Ort, der Schmidts Wissen und Wirken auf den Punkt bringt, gibt ein kleines Regal Hinweise auf seine seelische Heimat. Darin stehen unter anderem drei Fotos, die Schmidt stets im Blick hatte: Eines davon zeigt Loki und ihn bei ihrer Hochzeit 1942. Das zweite zeigt Schmidts engen Freund Willi Berkhan, der 1994 verstarb. Das dritte Foto zeigt seine Eltern.

Im Bundestag musste der bekannteste Raucher der Bundesrepublik wegen eines Rauchverbots schon früh auf Schnupftabak umsteigen. Seine Lieblingsmarke: „Gletscherprise" mit einem Hauch Minze.

EIN SELBSTGESCHNITZTES SCHACHBRETT AUS DER KRIEGSGEFANGENSCHAFT

Im Frühjahr 1945 endete für Helmut Schmidt der Krieg. Das markanteste Erinnerungsstück an die Zeit als Kriegsgefangener in einem Lager bei der belgischen Stadt Jabbeke ist das aus Holz gefertigte Schachbrett. Die Färbungen sind vermutlich durch Kaffeeersatz oder durch schwarzen Tee entstanden. Der zentrale Platz des Spiels in der Vitrine verrät, wie wichtig diese Erinnerung und auch das Schachspielen für Schmidt war. Während einer Partie mit seiner Frau Loki konnte er sich hervorragend entspannen – am besten im Ferienhaus am Brahmsee.

SCHNAPPSCHUSS

Als Politiker und vor allem als Kanzler war Schmidt ein beliebtes Fotomotiv. Der „Medienkanzler" wusste sich stets gut in Szene zu setzen und kokettierte häufig mit den Journalisten. Auf seinen zahlreichen Reisen schoss Schmidt selbst gerne Erinnerungsfotos. Davon zeugen einige Kameras im Wohnhaus, die heute musealen Charakter haben. Das Foto zeigt Helmut Schmidt in New York.

MIT DEM AUTO BIS ZUM ROTEN PLATZ

1966 fuhren Familie Schmidt und der Fotograf Sven Simon mit dem Auto bis zum Roten Platz in Moskau. Die privat-politische Reise führte auch durch die Tschechoslowakei. Als Vorbereitung diente womöglich diese Straßenkarte von 1964.

RASIERER UND AFTERSHAVE GRIFFBEREIT

Vor, während oder nach dem Lesen – egal. Der Rasierapparat war immer griffbereit neben dem Schreibtisch platziert. Zusammen mit Aftershave und Kamm ist die Grundausstattung komplett. Arbeiten ja, aber gepflegt!

SCHUTZ FÜR DIE ENTZÜNDETE BINDEHAUT

Lange Arbeitstage und wenig Schlaf machten sich bei Schmidt körperlich bemerkbar. Er litt unter einer chronischen Bindehautentzündung. Mit einer Sonnenbrille versuchte er sich zu schützen.

Immer im Blick – Fotos von Familie und Freunden von Helmut Schmidt fanden hier einen besonderen Platz.

GLOBALE PERSPEKTIVE FÜR DEN WELTERKLÄRER

Politisch hat Helmut Schmidt immer versucht, Probleme international, wenn nicht gar global anzugehen. Kleinstaaterei und Nationalismus hielt er, vor allem für und in Europa, für einen Irrweg. Der kleine Globus veranschaulicht dabei die globalen Zusammenhänge. Häufig half er beim Verständnis von außenpolitischen Fragen und kam bei politischen Gesprächen zum Einsatz.

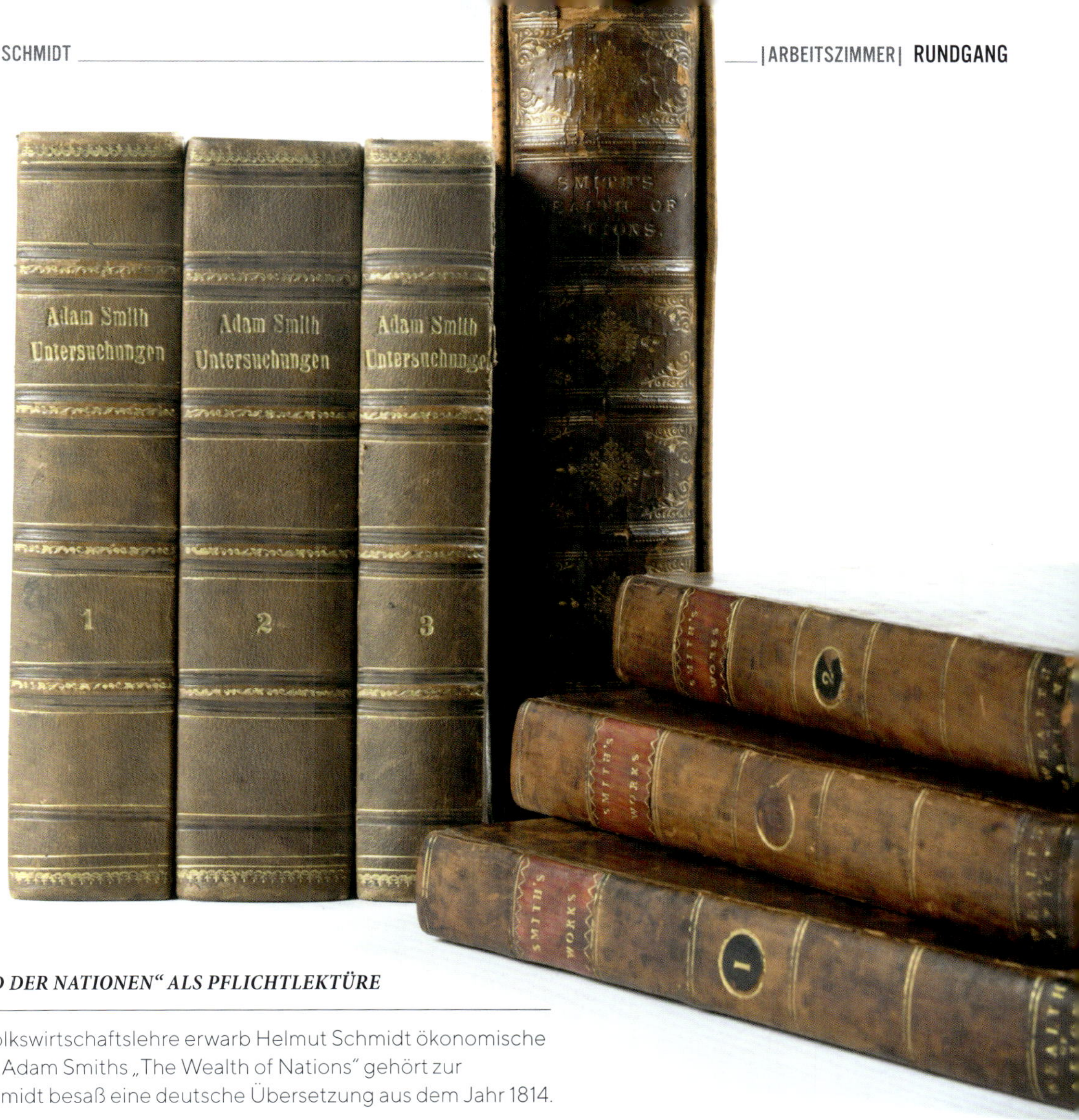

„DER WOHLSTAND DER NATIONEN" ALS PFLICHTLEKTÜRE

Als Student der Volkswirtschaftslehre erwarb Helmut Schmidt ökonomische Grundkenntnisse. Adam Smiths „The Wealth of Nations" gehört zur Pflichtlektüre. Schmidt besaß eine deutsche Übersetzung aus dem Jahr 1814.

EIN ANTIQUARISCHES PRÄSENT VON KARL POPPER

Neben politischen Sachbüchern finden sich antiquarische Schätze im Bücherbestand Helmut Schmidts. Diese Kant-Schrift von 1763 war ein Geschenk des Philosophen Karl Popper.

DIE ARBEIT MUSSTE IMMER MIT – EGAL WOHIN

Die Aktentaschen waren wichtige Instrumente für Helmut Schmidt. Sie wurden per Kurier oder von Mitarbeitern und Mitarbeiterinnen quer durchs Land transportiert.

DIE KANZLERLIMOUSINE ALS ERINNERUNG

Ein kleines Erinnerungsstück, ein Modell der Kanzlerlimousine Mercedes-Benz 450 SEL 6.9 mit dem Stander in den Nationalfarben der Bundesrepublik, steht oben im Regal. Schmidt fuhr selbst nur ungern Auto.

TASCHENLAMPE FÜR DEN STROMAUSFALL

Nicht alles ist staatstragend oder ein Erinnerungsstück. Mit Hammer, Nägeln oder auch dieser Taschenlampe wurde bei kleineren Reparaturen selbst Hand angelegt. Während eines Stromausfalls konnte diese Lampe sehr wichtig werden.

EINE SIGNATUR FÜR DIE „PHILOSOPHISCHE HAUSAPOTHEKE“

Vier philosophische Lehrmeister stehen in Schmidts „Hausapotheke“: Marc Aurel, Immanuel Kant, Max Weber und Karl Popper. Letzteren besuchte er am 27. November 1982 in London und ließ sich das neueste Werk „Logik der Forschung“ von ihm signieren.

DER KANZLER ALS „HÄNNESCHEN“

1977 zierte der Bundeskanzler Helmut Schmidt den Karnevalsorden der SPD in Köln. Dass ihn seine Parteifreunde als Stockpuppe darstellten, zeugt durchaus von Respekt. Schließlich ist „das Hänneschen“ der Held des mehr als 200 Jahre alten Puppentheaters in der Kölner Altstadt: „Freundlich, aufrichtig, gewitzt, mutig und schlagfertig – eine Identifikationsfigur“, wie es im Programm des Theaters heißt.

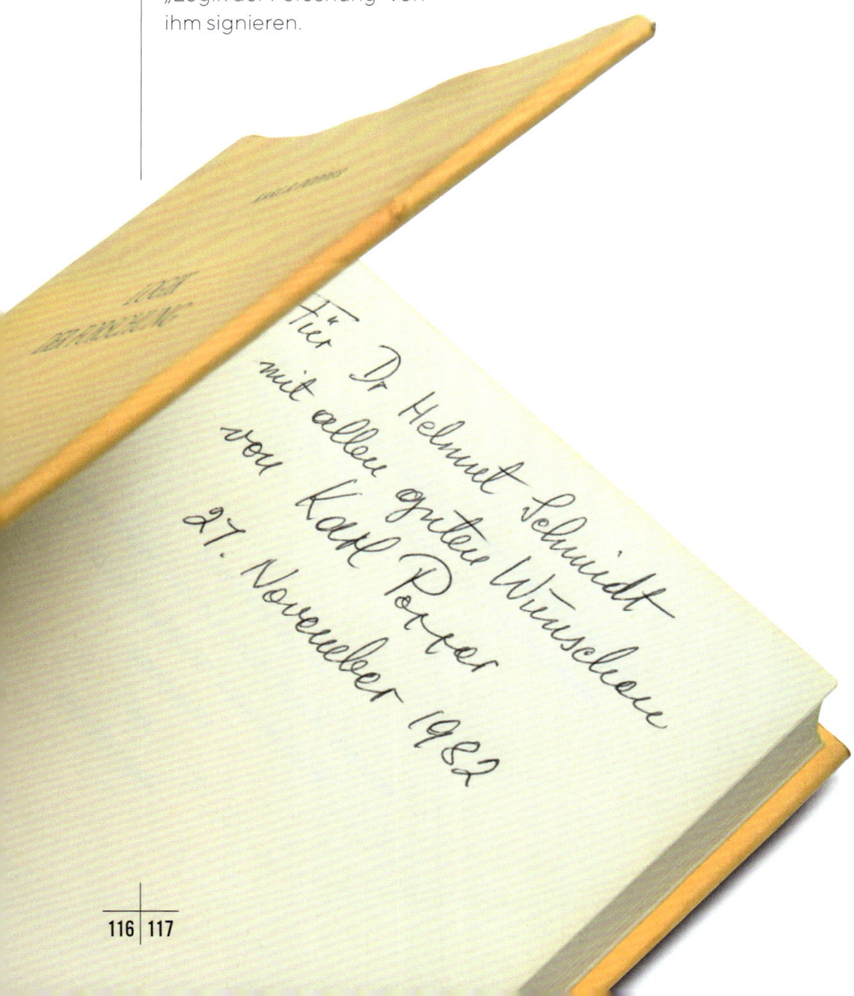

KURIOSES ZAHLUNGSMITTEL

Wie ein Glückspfennig sieht sie aus, die „1-Schmidtchen-Münze“, die der Bundeskanzler am 1. September 1978 bei einem Besuch des Krupp-Konzerns in Essen selber prägen durfte. Damit, so meinten die Chronisten, legte Schmidt „den Grundstein zur Lösung aller Finanzprobleme“. Er warnte allerdings, dass „dieses Zahlungsmittel noch nicht EG-reif ist“.

DER CHEF SCHREIBT MIT GRÜN

Wenn Schmidt schrieb, tat er dies immer mit dem gleichen Schreibgerät: einem *Pentel Sign Pen.* In der Ablage auf seinem Schreibtisch waren die grünen Filzstifte immer in ausreichender Anzahl verfügbar. Grün ist die Farbe der Chefs – zumindest in den Bundesministerien. So regelt es die Geschäftsordnung.

EIN STOFFTIER ALS ANERKENNUNG FÜR DIE VERDIENSTE BEI DER STURMFLUT 1962

Das zerzauste Stofftier hat einen Ehrenplatz unter dem Fernseher im Wohnzimmer. Der Vogel ist das Wappentier des Hamburger Gymnasiums Kirchdorf/Wilhelmsburg, kurz „KiWi“, das 2002 in Helmut-Schmidt-Gymnasium umbenannt wurde. Dafür war allerdings eine Sondergenehmigung des Senats erforderlich, da Schulen erst posthum auf Namen von Personen getauft werden dürfen. Schmidt bekam den Kiwi als Zeichen der Anerkennung für seine Verdienste bei der Sturmflut 1962 überreicht. Den Hamburger Stadtteil Wilhelmsburg traf es damals am schlimmsten. 207 Menschen kamen dort in den Fluten um.

WELTPOLITIK IM WOHNZIMMER

VON LEONID BRESCHNEW BIS ZUM SPANISCHEN KÖNIGSPAAR: WENN LOKI UND HELMUT SCHMIDT IM NEUBERGERWEG STAATSGÄSTE EMPFINGEN, WURDE DAS WOHNZIMMER ZUR BÜHNE EINER PRIVATEN UND POLITISCHEN INSZENIERUNG.

An diesem Platz – zwischen ihrer Kunst, der Literatur und dem Blick in den Garten – spielten die Schmidts, wann immer sie Zeit dazu fanden, eine Partie Schach.

Helmut Schmidt
23.12.1983
ÄGYPTEN
KLEE
PAUL KLEE
CARL SPITZWEG
MARC CHAGALL
LES PALAIS VÉNITIENS
EXPRESSIONISMUS
BRUXELLES
KOREA
POLEN

Text: Franziska Zollweg

Ob in ihrem Haus in Hamburg-Langenhorn, am Ufer des Brahmsees oder im Zug auf Wahlkampftour: Eine Vielzahl von Pressefotos zeigt Loki und Helmut Schmidt beim Schachspiel. Solche Aufnahmen gehörten zur Selbstdarstellung des Spitzenpolitikers Schmidt und zeigten zugleich Szenen einer Ehe.

Historische Fotos belegen, dass bereits 1961 ein Schachtisch im Haus am Neubergerweg stand – spätestens seit 1976 an derselben Stelle, wo auch heute noch einer steht: zwischen Halle und Wohnzimmer. Hier, mit Blick in den Garten und umringt von Gemälden großer deutscher und internationaler Künstlerinnen und Künstler, saßen Helmut und Loki Schmidt unzählige Male einander gegenüber. Wann immer sie Zeit dazu hatten, spielten sie eine gemeinsame Partie Schach. Die frühere Haushälterin Ursel Trebbin erinnert sich: „Dann durfte auch von uns niemand stören!"

Die Duelle waren Begegnungen auf Augenhöhe. „Wir spielen ungefähr drei zu zwei", sagte Helmut Schmidt 1976 in einem Filminterview auf die Frage, wer von ihnen der bessere Spieler sei. Nach fünf Partien lag mal sie vorn, mal er. Er spiele nicht gut, ergänzte Schmidt, nur für den „Hausgebrauch". Das eigene Können kleinreden: Das ist oft schon der erste Zug. Für die Schmidts war das von Dynamik und Komplexität geprägte Spiel Denk- und Entspannungsübung zugleich. Es würde Teile des Gehirns trainieren und die anderen ausruhen, sagte Helmut Schmidt.

Das Schachspiel begleitete beide seit ihrer Kindheit. Loki Schmidt wurde von ihrem Vater mit den Spielregeln vertraut gemacht und spielte seither regelmäßig. Wenige Jahre vor ihrem Tod erzählte sie dem Journalisten Reinhold Beckmann in einem Interview, wie sehr das Spiel sie mitunter im Alltag begleite. Wenn sie mal zwei Partien am Tag spiele und ruhig dasitze, so Loki Schmidt, fange sie plötzlich an, mit den Sachen, die auf dem Tisch stünden, Schachzüge zu machen.

Auch im Elternhaus von Helmut Schmidt gehörte Schach zum Alltag. Private Aufnahmen von 1924, da war er gerade sechs Jahre alt, zeigen seine

Historische Aufnahmen in den privaten Fotoalben zeigen Ludovika und Gustav Schmidt im Jahr 1924 bei einer Partie Schach.

Mutter Ludovika, geborene Koch, und seinen Vater Gustav beim Schachspiel in der Wohnung der Familie im Arbeiterstadtteil Hamburg-Barmbek. Bald übten auch die Söhne Helmut und Wolfgang ihr strategisches Denken am Schachbrett.

Viele Jahre später wurde das Spiel, das taktisches Kalkül und Weitsicht erfordert, zu einem der Markenzeichen des Macht- und Vernunftmenschen Helmut Schmidt. Als Bundeskanzler spielte er mit seinem Finanzminister Hans Matthöfer oder mit dem französischen Staatspräsidenten Valéry Giscard d'Estaing. Später, als *Zeit*-Herausgeber, traf er sich regelmäßig mit Peer Steinbrück auf eine Partie. Ihre politischen Gespräche sind in dem 2011 erschienenen Buch „Zug um Zug" abgedruckt, dessen Titelfoto viel Aufsehen erregte. Die Aufnahme zeigt Schmidt und Steinbrück an einem Schachbrett, das falsch herum, nämlich um 90 Grad verdreht, steht. „Es war ein reiner Fototermin, kurzfristig arrangiert, und Schmidt hat den Aufwand dafür sehr unwirsch zur Kenntnis genommen", erinnert sich Steinbrück. Also habe er den Schachtisch, der in aller Eile aufgebaut wurde, so stehen gelassen. Die Tatsache, dass alle großen Zeitungen von der *Süddeutschen* bis zur *Frankfurter Allgemeinen Zeitung* genüsslich über den Lapsus berichteten, habe Schmidt kaltgelassen. „Das war ihm scheißegal", lacht Steinbrück, „und mir übrigens auch."

In den Jahren vor seinem Tod fand Schmidt in dem *Zeit*-Redakteur Ulrich Stock einen ebenbürtigen Gegner. Ihre letzte Partie spielten die beiden im Oktober 2015, da war Schmidt körperlich schon stark angeschlagen. Als Stock beim Spiel die Oberhand gewann, seufzte Schmidt: „Das wird bald ein Ende haben mit mir."

Eine besondere Sammlung

Insgesamt 21 Schachspiele haben die Schmidts in ihrem Haus am Neubergerweg hinterlassen, darunter eines aus China, dessen Figuren an die Terrakotta-Armee des ersten Kaisers und Begründers der Qin-Dynastie

Helmut Schmidt gegen Peer Steinbrück. Das Titelbild des Buchs sorgte für Schlagzeilen.

DIE DUELLE WAREN BEGEGNUNGEN AUF AUGENHÖHE. NACH FÜNF PARTIEN LAG MAL SIE VORN, MAL ER.

– Qin Shihuangdi – erinnern. Das wohl wertvollste Exemplar, eine Rarität aus Sèvres-Porzellan, 57 mal 57 Zentimeter groß und 18 Kilogramm schwer, hatte der französische Staatspräsident Valéry Giscard d'Estaing seinem Freund Helmut 1978 zu dessen 60. Geburtstag geschenkt. Heute zeugen kleine Abplatzungen an den dezent mit Gold verzierten Figuren von etlichen gespielten Partien – und die Gravur von der engen Freundschaft der beiden Staatsmänner: „Valéry Giscard d'Estaing à Helmut Schmidt pour son anniversaire le 23 decembre 1978".

Noch bekannter ist das Schachspiel, das Helmut Schmidt aus der Kriegsgefangenschaft mitbrachte: „Ein Schachspiel, das ich sehr liebgewonnen habe. Das habe ich mir in der Kriegsgefangenschaft selbst aus Holz mit einem Messer geschnitzt. Es hatte vielleicht eine Größe von 15 mal 15 Zentimetern, die schwarzen Felder waren mit Ersatzkaffee gefärbt. In jedem Feld war ein Loch; da konnte man die kleinen Holzfiguren hineinstecken. Dieses Spiel habe ich mit nach Hause gebracht, es steht heute noch in einem Schrank", erzählte Schmidt in einem Interview mit dem *Zeit*-Chefredakteur Giovanni di Lorenzo. Es ist vollständig erhalten und befindet sich auch in seinem Arbeitszimmer in einer Vitrine, in der er besonders wertvolle Erinnerungsstücke lagerte. Es lässt sich als Symbol für ein (politisches) Schlüsselerlebnis lesen: Es waren, so Schmidt, die Begegnungen mit dem älteren Oberleutnant der Reserve, Hans Bohnenkamp, Hochschulprofessor und religiöser Sozialist, im Kriegsgefangenenlager, die ihm die Augen für die Verbrechen der Nationalsozialisten geöffnet und ihn zum Sozialdemokraten gemacht haben.

Nach Schmidts Tod fand man im Inneren des kleinen Kästchens neben den Schachfiguren vier weitere „Steinchen" und ein unbehandeltes Holzstück. Denkbar, dass er auch ein Damespiel schnitzen wollte. Doch was auch immer er geplant hatte: Seine unerwartet kurzfristige Entlassung aus der Kriegsgefangenschaft beendete die Schnitzarbeiten.

Loki und Helmut Schmidt 1965 beim Schachspielen. Aufgenommen wurde das Foto während eines offiziellen Pressetermins im Neubergerweg 80.

„WIR SPIELEN ES REGELMÄSSIG, SO LANGE WIR UNS KENNEN.“

Die abgenutzten Ecken des dunkelgrünen Lederetuis zeugen davon, dass das kleine hölzerne Schachbrett – geschützt von seiner stabilen Hülle – die Schmidts häufig auf ihren Reisen rund um den Globus begleitete. Ob zuhause, am Brahmsee oder unterwegs: Das Spielen einer gemeinsamen Schachrunde gehörte zum Ehepaar Schmidt, so lange wie sie sich kannten.

EIN SCHACHSPIEL AUS PORZELLAN

21 Schachspiele besaß das Ehepaar Schmidt. Einige davon sind einfache Kunststoffspiele, andere hingegen sind besonders wertvoll. 18 Kilogramm wiegt dieses Schachbrett samt Figuren. Es besteht aus feinstem Sèvres-Porzellan. Erst im Zuge der aktuellen Recherchen wurde es zufällig entdeckt: Verpackt in seinem edlen Lederetui lag es auf dem untersten Regalboden eines unscheinbaren Wandschranks.

Loki Schmidt
23.12.1983

FÜRSTLICHE SITZGELEGENHEIT

Seit Dezember 1983 saßen Loki und Helmut Schmidt beim Schachspielen auf reichverzierten Sitzmöbeln. Bei den zwei massiven, aus afrikanischem Rotholz, Khaya und Ahorn gefertigten Möbelstücken handelt es sich um traditionelle Vierländer Hochzeitsstühle – ein Geschenk der Bergedorfer SPD zu seinem 65. Geburtstag.
Die Intarsien, die die Stühle schmücken, haben ihren Ursprung in der arabischen Kultur. Wandergesellen brachten sie im 16. Jahrhundert in die Vierlande, wo Bauern um 1700 den aufwendigen Vierländer Intarsienstil mit floralen Mustern, Vögeln oder Vasen entwickelten.
Heute beherrschen nur noch wenige Schreiner diese Kunst. Einer von ihnen ist Thomas Dahm aus Hamburg-Neuengamme. Er war es auch, der die Hochzeitsstühle der Schmidts 1983 gemeinsam mit seinem Vater Günther fertigte. „Nachahmungen dieser Stühle wird es nicht geben", sagte dieser, nachdem er die Entwürfe vernichtet hatte. Bei einem Besuch des Wohnhauses, fast 37 Jahre später, zeigte sich Thomas Dahm erstaunt darüber, dass die Schmidts tatsächlich auf den Stühlen gesessen hatten – und stellte nüchtern fest: „Die sehen ja noch richtig gut aus."

Loki Schmidt saß gerne in ihrem „Opa-Sessel" – wie die beliebte Hamburgerin das bequeme Sitzmöbel nannte.

An kalten Tagen spendete der Kamin wohlige Wärme, auf dem Kaminsims drei stilisierte Vögel und zwei Bronzeplastiken von Maren Lipp: *Hockendes Mädchen* und *Sitzender Knabe*.

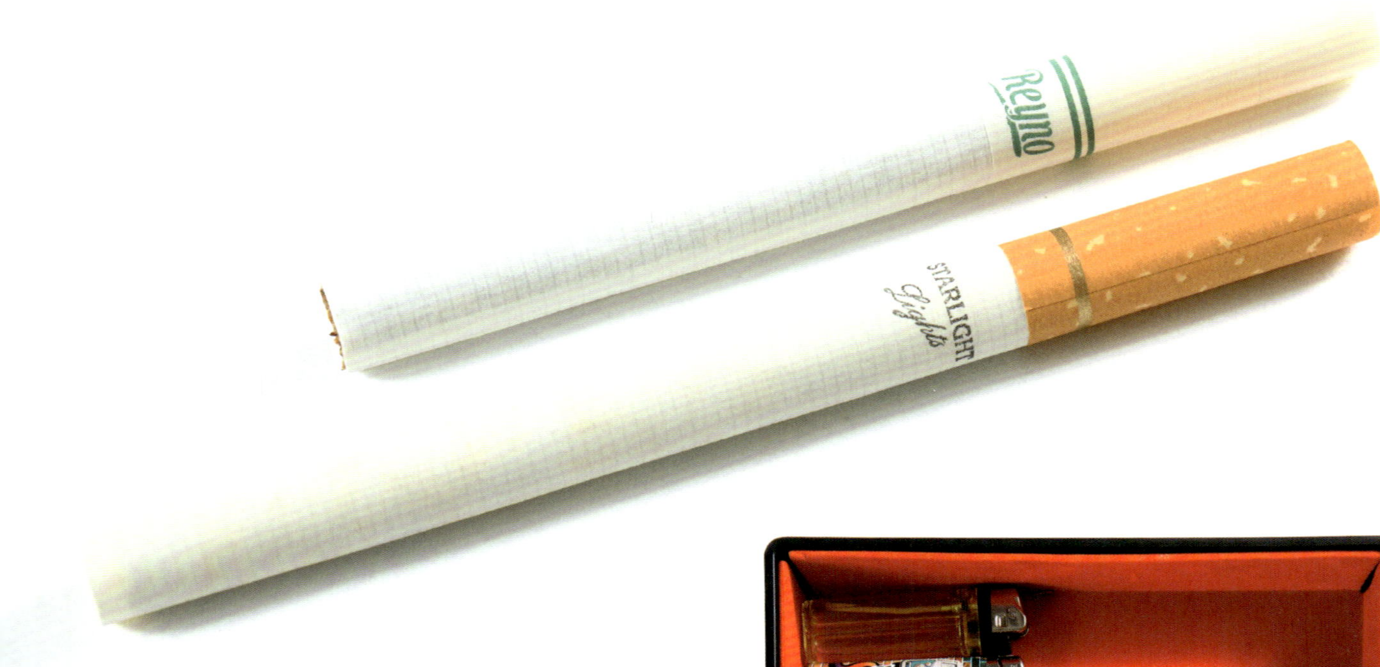

IN FAST JEDEM RAUM FINDEN SICH ZIGARETTEN

Manch einer behauptet, im Wohnhaus rieche es noch immer nach Zigarettenrauch. Ohne Zigaretten hat man Helmut Schmidt selten erlebt. Tatsächlich finden sich an fast jedem Platz und in fast jedem Raum Spuren von Helmut und Loki Schmidts bekanntester Angewohnheit. Helmuts Lieblingssorte waren die Reyno-Mentholzigaretten.

TAND NEBEN GROSSEN ERINNERUNGSSTÜCKEN

Der kleine Vogelkäfig, der auf der Fensterbank im Wohnzimmer steht, sorgt im Haus für eine gewisse heimelige Atmosphäre. Tand neben den großen Erinnerungsstücken aus einem bewegten Leben.

EINE URKUNDE FÜR DIE BESTEN ELTERN DER WELT

Die kunstvoll gestaltete Urkunde mit den goldenen Lettern war ein Weihnachtsgeschenk der Tochter. Susanne Schmidt hatte ihren Eltern den kleinen Bilderrahmen 1982 aus London mitgebracht, wo sie seit 1979 lebt. Nun hatten es ihre prominenten Eltern schwarz auf weiß. Susanne verlieh Hannelore und Helmut H. (Heinrich) W. (Waldemar) Schmidt den Titel der besten Eltern der Welt.

MASKE VON FRANZ KAISER

Zum Hamburger Künstler Franz Kaiser hatte das Ehepaar Schmidt eine besondere Beziehung. Sie förderten ihn und besuchten auch einmal sein Atelier. Schmidts Vorliebe für den deutschen Expressionismus zeigt sich in vielen Formen.

Ein wandfüllendes Bücherregal, Perserteppiche, viel dänisches Design: Das nonchalant kombinierte Interieur des Wohnzimmers zeugt von der bodenständigen Lebensweise der Schmidts.

DER BLAUE REITER
ÄGYPTEN
KLEE
PAUL KLEE
CARL SPITZWEG
VELASQUEZ
Kunst in Berlin
INKA PERU
GROSSE SEESCHLACHTEN
Windjammer
Die Maler der Brücke · Sammlung Hermann Gerlinger
MARC CHAGALL
PIETER BRUEGEL
PORTRÄTS 3
SWIRIDOFF
Unser Jahrhundert im Bild
Anschläge
PIET MONDRIAN
Museum Folkwang
Bernhard Heiliger
EXPERIMENT BAUHAUS
Das Bauhaus
UNSERE WELT
Knaurs lachende Welt
MENZEL

Knaurs lachende Welt

Wenn Staatsgäste kamen, wurde das Wohnzimmer der Schmidts zur weltpolitischen Bühne. Die Ost-West-Beziehungen sind angespannt, als der sowjetische Staats- und Parteichef Leonid Breschnew, hier von Willy Brandt und Loki Schmidt flankiert, am 7. Mai 1978 zu Besuch im Neubergerweg ist. Eine von der SED herausgegebene Marx-Engels-Werkreihe sorgte wenigstens für einen Moment für Heiterkeit. Auch bei diesem Besuch verfehlte die Adresse der Schmidts ihre Wirkung nicht: Ein Bundeskanzler in einer ganz normalen Wohnsiedlung – das passte nicht ins Bild des Vorsitzenden des Obersten Sowjets.

Text: Hendrik Heetlage

Das Haus im Neubergerweg war schon immer mehr als ein Zuhause für die Schmidts. Helmut Schmidt, der mit den Medien umzugehen wusste, nutzte es zugleich als politische Bühne. Früh begann er, Journalisten nach Langenhorn einzuladen, später empfing er hier sogar Staatsgäste. Am Stadtrand und somit fernab von Hamburgs noblen Adressen inszenierte sich Schmidt als geerdeter Sozialdemokrat.

Zentraler Spielort der politischen Treffen war das großzügige und zugleich gemütliche Wohnzimmer. Damals wie heute repräsentiert hier ein wandfüllendes Bücherregal den Bildungsanspruch der Schmidts. Perserteppiche und ein gemauerter Kamin stehen für bescheidene Bürgerlichkeit, rotbraune Ledersofas mit filigranen Beinen für moderne Leichtigkeit. Das nonchalant kombinierte Interieur, darunter viel dänisches Design, verfehlte sein Ziel nicht: Gäste fühlten sich wohl – und waren zugleich von der bodenständigen Lebensweise der Schmidts beeindruckt.

Mit der Kanzlerschaft Schmidts wurde das Private vollständig zum Politischen – und das Haus Teil der politischen Kultur der Bundesrepublik. In dieser unspektakulären Wohngegend empfing Schmidt enge politische Freunde wie den französischen Staatspräsidenten Valéry Giscard d'Estaing, mit dem er hier das Europäische Währungssystem „ausgeknobelt" habe, sowie den ehemaligen Nationalen Sicherheitsberater und späteren Außenminister der Vereinigten Staaten, Henry Kissinger.

Am 8. Juni 1976 öffnete Helmut Schmidt die Tür für den Ersten Sekretär des Zentralkomitees der Polnischen Vereinigten Arbeiterpartei, Edward Gierek, und seine Gattin Stanisława. Der Besuch stand im Zeichen von Schmidts Bemühen um die Fortführung der unter Willy Brandt und Walter

Hoher Besuch in Langenhorn: Am 8. Juni 1976 empfingen Loki und Helmut Schmidt den Ersten Sekretär des Zentralkomitees der Polnischen Vereinigten Arbeiterpartei, Edward Gierek (links), und seine Gattin Stanisława (2. v. l.).

Scheel begonnenen Neuen Ostpolitik – wachsenden Konflikten zwischen Ost und West zum Trotz. Giereks Gastgeschenk, eine Flasche Wodka, sollte zwei Jahre später bei einem anderen Besuch keine unwichtige Rolle spielen.

Nicht von politischer, dafür aber von medialer Tragweite war der Besuch des spanischen Königs Juan Carlos I. und seiner Frau Königin Sophia im April 1977. Helmut Schmidt hatte das Königspaar nach einem Besuch der Hamburgischen Staatsoper spontan gefragt, ob sie nicht Lust auf ein Abendessen hätten. Offenbar fühlten die Monarchen sich im Haus der Schmidts wohl, denn als sie aufbrachen, war es bereits drei Uhr nachts. Ein Königspaar in Langenhorn: Das wollten sich drei Nachbarinnen nicht entgehen lassen. Auf Klappstühlen auf dem Bürgersteig postiert, bedachten sie das Königspaar mit Applaus. Zum Abschied flüsterte Königin

Im Juni 1978 besuchte der italienische Ministerpräsident Giulio Andreotti die Schmidts in Hamburg-Langenhorn. Loki und Helmut Schmidt unterhielten sich mit ihm im Garten, wo die Fotografen warteten.

Sophia Loki Schmidt zu: „Hoffentlich sind die nicht enttäuscht, dass ich keine Krone trage."

Das historisch bedeutsamste Ereignis war jedoch der Besuch des sowjetischen Staats- und Parteichefs Leonid Breschnew und seines Außenministers Andrei Gromyko am 7. Mai 1978. Nach tagelangen harten Verhandlungen über Sicherheits- und Rüstungsfragen in Bonn gelang es Schmidt mit einer Einladung Breschnews nach Hamburg, die Stimmung etwas aufzulockern. An jenem Tag besuchte Breschnew zunächst die Gedenkstätte für den von den Nationalsozialisten ermordeten

Kommunisten Ernst Thälmann in Hamburg-Eppendorf, wo er einen Korb roter Nelken abstellte. Anschließend fand die sowjetische Delegation sich im Neubergerweg ein, wo sich Breschnew verwundert darüber zeigte, dass Schmidt in einem so bescheidenen und kaum umzäunten Rotklinkerbau lebte. Ein Regierungschef in einer ganz normalen Wohnsiedlung: Das passte nicht in das Weltbild des Vorsitzenden des Obersten Sowjets – ein Effekt, auf den Helmut Schmidt sehr stolz war.

Für eine weitere Überraschung bei den sowjetischen Gästen sorgte eine von der SED herausgegebene Marx-Engels-Werkreihe in Schmidts Bücherregal. So wurde eine Aufnahme des vergnügten Staatschefs, der auf der Ledercouch vor diesen Bänden Platz genommen hatte, zum Sinnbild für die deutsch-sowjetische Annäherung, zu der an jenem Tag auch der ehemalige Bundeskanzler Willy Brandt sowie Außenminister Hans-Dietrich Genscher beitrugen. Die politischen Gespräche, die auch an diesem Tag fortgesetzt wurden, blieben allerdings ergebnislos.

Beim anschließenden Mittagessen – es gab Tomatensuppe mit Fleischklößchen, Spargel mit Schinken und Kartoffeln sowie Rumtopf mit Vanilleeis zum Nachtisch – kam der Wodka zum Einsatz, den Edward Gierek Schmidt überreicht hatte, was Breschnew sehr erfreute. Der sowjetische Staatschef verabschiedete sich mit den Worten: „Das Haus soll noch hundert Jahre stehen. Und dem Inhaber soll's gut ergehen!"

Einer der letzten offiziellen Gäste war der französische Staatspräsident François Mitterand, der am 15. Mai 1982 auf dem rotbraunen Sofa Platz nahm. Ab 1985 wurde das Wohnzimmer zum Versammlungsort der von Schmidt gegründeten Freitagsgesellschaft. Die Bücher in den Regalen des dänischen Designers Poul Cadovius wurden nach und nach ausgewechselt. Statt der Marx-Engels-Werke finden sich hier nun diverse Kunstbände und Nachschlagewerke. Die dänischen Designermöbel von Rud Thygesen und Johnny Sørensen, auf denen Breschnew und seine Delegation saßen, stehen noch immer an ihrem Platz.

Der französische Staatspräsident Valéry Giscard d'Estaing war oft zu Gast im Neubergerweg. Als enger politischer Freund Schmidts besuchte er diesen auch privat. Diese Aufnahme entstand während eines offiziellen Besuchs am 23. Juni 1978.

FÜR DEN BARKEEPER H. C.

Die Hausbar wurde 1990 zum 50. Geburtstag von Ernst-Otto Heuer offiziell auf seinen Namen getauft. Seither ziert ein Messingschild seinen Arbeitsplatz: „Ottis Bar".

WAS IN OTTIS BAR BESPROCHEN WURDE, BLIEB IN OTTIS BAR

ES LAG NAHE, DASS SCHMIDT IHN EINES TAGES FRAGTE: „OTTI, KÖNNEN SIE NICHT DIE BAR MACHEN?“ DENN WAS FÜR EINEN BARKEEPER GILT, GILT FÜR EINEN PERSONENSCHÜTZER ALLEMAL: ER BLEIBT DISKRET IM HINTERGRUND, IST ABER BLITZSCHNELL ZUR STELLE, WENN MAN IHN BRAUCHT.

Ein anheimelndes Kuriositäten-kabinett mit echter Hafenkneipen-Atmosphäre, die man in einem Privathaus in Langenhorn so nicht erwarten würde.

TRAWLER RUM
Havana Club
COOKIE JAR

BROCK HAUS

Zwei geschnitzte Elefantenstoßzähne säumen den Eingang zu „Ottis Bar". Woher sie stammen und wie sie zu den Schmidts kamen, weiß heute niemand mehr.

Text: Ulfert Kaphengst

Halt, stopp, das ging viel zu schnell! Das brauch ich noch mal!" Der verdutzte Kameramann, der auf den Fliesen vor der gemauerten Bar hockt, nestelt an seinem Objektiv. „Gut", sagt Otti, wickelt neue Eiswürfel in das Geschirrtuch, ballt die linke Faust, holt aus und zertrümmert sie mit zwei lauten Schlägen auf dem massiven Tresen. Crushed Ice, so wie er es immer für den Hausherrn gemacht hat. Helmut Schmidt trank gerne Baileys auf Eis. „Kaum zu glauben" heißt die Quizshow im Ersten, für die an diesem Nachmittag in der Hausbar gedreht wird. Die Kandidaten sollen den Beruf von Ernst-Otto Heuer erraten. Kriminalhauptkommissar oder Personenschützer wäre an sich die korrekte Antwort gewesen. Aber eigentlich ging es Quizmaster Kai Pflaume um den Sondereinsatz nach Dienstschluss, zu dem Ernst-Otto Heuer als „Otti" auch noch ausrückte, als er schon längst im Ruhestand war. „Schmidts Barkeeper h. c." käme der richtigen Antwort wohl am nächsten.

Die Hausbar, die sich im Erdgeschoss gleich neben dem Wohnzimmer befindet, links neben dem Durchgang zum Esszimmer, wurde 1990 zum 50. Geburtstag von Ernst-Otto Heuer offiziell auf seinen Namen getauft. Seither ziert ein Messingschild seinen Arbeitsplatz: „Ottis Bar".

26 Jahre wich Heuer dem Bundeskanzler, dem Bundestagsabgeordneten und später dem *Zeit*-Herausgeber nicht von der Seite. Als Leibwächter war er gemeinsam mit einem Kollegen für die Sicherheit der „Schutzperson Helmut Schmidt" verantwortlich – wenn es sein musste, rund um die Uhr. 14 Tage Dienst, 14 Tage frei. Dann übernahmen zwei weitere Kollegen die Schicht. Heuer, der beim Staatsschutz im Hamburger Landeskriminalamt arbeitete, zögerte nicht lange, als er 1974 gefragt wurde, ob

Ernst-Otto Heuer ist inzwischen 80. Im Jahr 2000 ist er in Pension gegangen. Bis 2015 hat er hinter diesem Tresen gestanden. „War 'ne schöne Zeit", resümiert er.

Politische Beratungen an der Hausbar: Mit seinem Freund, dem französischen Staatspräsidenten Valéry Giscard d'Estaing, diskutierte Schmidt im Juni 1978 über eine gemeinsame europäische Währung.

er mit dem neu gewählten Bundeskanzler Helmut Schmidt in die Bundeshauptstadt Bonn wechseln wolle.

Es waren bewegte Zeiten. Willy Brandt trat als Bundeskanzler zurück, nachdem einer seiner engsten Mitarbeiter, Günter Guillaume, als Spion des DDR-Ministeriums für Staatssicherheit enttarnt worden war. Die erste Generation der terroristischen Rote Armee Fraktion (RAF) versetzte die Sicherheitsbehörden in Alarmbereitschaft. „Schmidt wollte Mitarbeiter in seiner Nähe haben, denen er absolut vertrauen konnte", erklärt Heuer. Dass nun das Team eines Landeskriminalamts für den persönlichen Schutz des Bundeskanzlers verantwortlich sein sollte, war ein Novum. Die eigentlich zuständigen Kollegen aus dem Bundeskriminalamt waren mäßig begeistert. Helmut Schmidt sei mit seiner Mafia aus Hamburg eingeflogen, lästerte die Presse. „Das stimmte aber nicht", sagt Heuer und schmunzelt. „Wir sind mit dem Auto gekommen …" Gemeinsam mit seiner Frau Loki hatte Schmidt entschieden: „Unsere Hamburger Jungs wohnen mit uns unter einem Dach." Sicher ist sicher. So bezogen Heuer und sein Kollege zwei kleine Gästezimmer im Kanzlerbungalow. Tür an Tür mit dem Bundeskanzler. „Wenn nachts das Telefon klingelte, bin ich aufgestanden und hab an der Schlafzimmertür geklopft."

Auf Otti war Verlass. Da lag es nahe, dass Schmidt Heuer eines Tages fragte: „Otti, heute Abend kommen Gäste. Können Sie nicht die Bar machen?" Otti erwies sich als Idealbesetzung. Was für einen Barkeeper gilt, gilt für einen Personenschützer allemal: Er bleibt diskret im Hintergrund, ist aber blitzschnell zur Stelle, wenn man ihn braucht. Schmidt und seine Gäste konnten sich in Sicherheit wiegen. Was in Ottis Bar besprochen wurde, blieb in Ottis Bar. Und: „Wenn ich im Dienst war, war ich ja auch bewaffnet", ergänzt Heuer lakonisch.

Die Bar ist verwaist. Hier wird nichts mehr ausgeschenkt. Die Schmidt-Stiftung hat die Verwaltung des Hauses übernommen. 526 Gegenstände hat sie allein in diesem Raum akribisch inventarisiert und in die Datenbank

1974 feierten Loki und Helmut Schmidt das Richtfest für den Anbau, in dem auch die typische Hausbar mit ihrem maritimen Flair nicht fehlen durfte.

„DAMIT RUFE ICH DEN LIEBEN GOTT AN UND FRAGE IHN UM RAT, WENN ICH NICHT WEITERWEISS."

Links in der Ecke hängt ein hölzernes Telefon mit Handkurbel, darüber eine Karikatur, die Schmidt als Superman darstellt, mit der Überschrift „Der Retter des Vaterlandes".

des Helmut Schmidt-Archivs aufgenommen. Ein buntes Sammelsurium auf zehn Quadratmetern. Tand und Tüdel aus aller Herren Länder: eine unter die dunkle Holzdecke genagelte Schlangenhaut, eine über dem Tresen schwebende hölzerne Dreimastbark, ein in den Tresen eingelassener Kompass, eine Tafel mit Seemannsknoten, die seine Parteigenossen ihm 1977 auf dem SPD-Parteitag in den Hamburger Messehallen überreichten; das schwarz gerahmte Ölgemälde „Hafenszene" des Hamburger Künstlers Rolf Böhlig oder die Flasche Armagnac, Jahrgang 1918, die Schmidt von seinem Freund Giscard d'Estaing zum Geburtstag geschenkt bekam – der Blick in dem kleinen Raum kommt nicht zur Ruhe. Die skurrilen Sammlerstücke machen neugierig. Es wirkt alles etwas angestaubt. Ein anheimelndes Kuriositätenkabinett mit echter Hafenkneipen-Atmosphäre, die man in einem Privathaus so nicht erwarten würde.

Links in der Ecke hängt ein hölzernes Telefon mit Handkurbel. „Damit rufe ich den lieben Gott an und frage ihn um Rat, wenn ich nicht weiterweiß", erzählte Schmidt gern. „Aber der antwortet nicht."

Buddelschiffe, Wappenbretter, Porzellanteller, Bierseidel, Schiffslampen, Seekarten, Spieluhren – woher die Objekte stammen, wie und wann sie ihren Weg in die Hausbar in Hamburg-Langenhorn fanden, ist in der Regel unbekannt. Was hat es mit den geschnitzten Elefantenstoßzähnen auf sich, die links und rechts im Türrahmen festgeschraubt sind? Da muss auch Otti Heuer passen: „Keine Ahnung. Die waren schon 1974 hier."

Die Bar ist nach wie vor gut bestückt. Jeder Füllstand ist fein säuberlich dokumentiert. Es soll alles so bleiben, wie es ist. Whisky, Gin, Rum, Martini, Baileys, Campari, Gin, Cognac, Aquavit, Kräuterschnaps – und Flaschenbier! „Tuborg, das tranken die Schmidts am liebsten", weiß die langjährige Haushälterin Ursel Trebbin, die für den Nachschub zuständig war und gemeinsam mit Barkeeper Otti die Gäste versorgte. Dazu gehörten der französische Staatspräsident Valéry Giscard d'Estaing, US-Präsident Gerald Ford oder das sowjetische Staatsoberhaupt Leonid Breschnew.

Der Arbeitsplatz des Barkeepers Otti Heuer. Vor ihm auf dem Tresen steht „Satchmo".

Ebenso professionell bewirtet wurde aber auch „die Sippe", wie Loki Schmidt sagte, wenn sie die Verwandten einlud, ihre Nichten und Neffen oder auch Helmut Schmidts Bruder Wolfgang mit Frau und den beiden Kindern. Rund 30 Erwachsene und Kinder zählte die Runde, die jedes Jahr am Wochenende vor oder nach Lokis Geburtstag am 3. März zusammenkam. Dann kletterten die Kinder auf die Barhocker und durften bei Otti Apfelsaft, Brause oder Cola ordern.

Als Stammgäste gingen die ehemaligen Hamburger Bürgermeister Henning Voscherau und Peter Schulz in Ottis Bar ebenso ein und aus wie der Versandhauschef Michael Otto, der Schriftsteller Siegfried Lenz, der ehemalige Verteidigungsminister Volker Rühe, Hamburgs Weihbischof Hans-Jochen Jaschke, die Schauspielerin Ursula Lingen, der Pianist Justus Frantz, der Astrophysiker Reimar Lüst oder die Filmproduzentin Katharina Trebitsch. Aber nur im Winterhalbjahr, jeden zweiten Freitag im Monat, wenn sich ab 1985 die illustre Freitagsgesellschaft versammelte,

Über dem Tresen schwebt eine hölzerne Dreimastbark. Oben links ist eine Schlangenhaut unter die Holzdecke genagelt.

um nach einem gemeinsamen Essen einen Vortrag zu hören und miteinander zu diskutieren. „Siegfried Lenz kam als Erster. Er trank Gin Tonic. Aber das ist ansteckend. Wenn einer Gin Tonic hat, wollen alle Gin Tonic", konnte Otti beobachten. Helmut Schmidt trank manchmal Bloody Mary – „aber mit Gin, nicht mit Wodka!" –, ansonsten Baileys oder Cola. „Ab und zu auch mal Pfefferminz-Likör mit Milch. Damit testete er die Reaktion seiner Gäste", amüsiert sich Ursel Trebbin.

In der Bar konnte Schmidt bestens entspannen. Zigaretten waren aber wichtiger als Alkohol. Sein Glas leerte er selten, die Packung Reyno White dagegen oft. Auf dem Barhocker sitzend, spielte er mit dem kleinen Handkreisel, bei dem ein Plastik-Weihnachtsmann zum Vorschein kommt, wenn der Tannenbaum rotiert. Oder er führte seinen Gästen den „Satchmo" vor, den ihm seine Tochter Susanne als Souvenir aus Amerika mitgebracht hatte. Der Jazztrompeter und Sänger Louis Armstrong ist 43 Zentimeter groß. Mit schwarzer Fliege und im weißen Jackett thront die Plastikfigur rechts auf dem Tresen. Auf Knopfdruck dreht sich der Kopf, der Unterkiefer öffnet sich, und aus dem Inneren der Figur ertönt ein krächzendes „Hello Dolly!" – der Running Gag in „Ottis Bar".

„Satchmo" trägt die Inventarnummer BO 20. Otti ist inzwischen 80. Im Jahr 2000 ist er in Pension gegangen. Bis 2015 hat er hinter dem Tresen gestanden. „War 'ne schöne Zeit", resümiert er, als das Fernsehteam raus ist. Für die Presse war er Leibwächter, Bodyguard des Bundeskanzlers, Schmidts Scharfschütze oder auch der Karatemeister mit schwarzem Gürtel. „Und wir haben das alles nicht dementiert", schmunzelt Otti. Hier in der Bar stellte ihn Schmidt den Gästen als „Otti, ein persönlicher Freund des Hauses" vor. In „Ottis Bar" steht noch alles an seinem Platz. Es ist fast so wie damals, nur dass an der Tür ein rot-weißer Aufkleber angebracht ist: „Rauchen verboten". Otti sitzt vor dem Tresen auf dem schwarzen Barhocker, zieht den schwarzen Drehaschenbecher heran und zündet sich einen Zigarillo an. Otti darf das.

RARITÄTEN AUS FRANKREICH UND FLASCHENBIER AUS DÄNEMARK

Für jeden Geschmack etwas. Neben Raritäten wie dieser Flasche Armagnac (Jahrgang 1923) aus dem Südwesten Frankreichs gab es in der Bar auch Flaschenbier aus Dänemark. Tuborg, das tranken die Schmidts am liebsten.

SKANDINAVISCHES DESIGN UND MARITIMER TAND

In „Ottis Bar" vereinen sich maritimer Tüdel und Tand mit zeitlosem skandinavischem Design. Die Barhocker aus Teakholz, die mit schwarzem Leder bezogen sind, stammen von dem dänischen Designer Erik Buch. Auf ihnen nahmen prominente Gäste, aber auch „die Sippe" Platz.

LOUIS ARMSTRONG SINGT NOCH IMMER „HELLO DOLLY"

„Satchmo", der Running Gag in der Bar, ist 43 Zentimeter groß. Die Plastikfigur, die den Jazztrompeter und Sänger Louis Armstrong darstellt, hatte Tochter Susanne als Souvenir aus Amerika mitgebracht. Mit einem verschmitzten Lächeln führte ihn Helmut Schmidt seinen Gästen vor. Mit schwarzer Fliege und im weißen Jackett thront er noch immer auf dem Tresen in der legendären Hausbar. Auf Knopfdruck dreht sich der Kopf, der Unterkiefer öffnet sich, und aus dem Inneren der Figur ertönt ein krächzendes „Hello Dolly!" – nur die Mechanik, die den Mund öffnet, streikt bisweilen, aber die Musik spielt auf Kommando nahezu unermüdlich.

MIT DER AUTOHUPE BAT LOKI SCHMIDT DIE FREITAGSGESELLSCHAFT ZU TISCH

Als Stammgäste gingen die ehemaligen Hamburger Bürgermeister Henning Voscherau und Peter Schulz in „Ottis Bar“ ebenso ein und aus wie der Versandhauschef Michael Otto, der Schriftsteller Siegfried Lenz, der ehemalige Verteidigungsminister Volker Rühe, Hamburgs Weihbischof Hans-Jochen Jaschke, die Schauspielerin Ursula Lingen, der Pianist Justus Frantz, der Astrophysiker Reimar Lüst oder die Filmproduzentin Katharina Trebitsch. Als Mitglieder der Freitagsgesellschaft versammelten sie sich vor dem Tresen. Wenn das Essen fertig war, betätigte Loki Schmidt die historische Autohupe, die am Eingang hängt. Das war das Zeichen, um nebenan im Esszimmer Platz zu nehmen.

DER FÜLLSTAND DES COGNACS WURDE FEIN SÄUBERLICH NOTIERT

Die Bar war immer gut bestückt. Es steht noch alles an seinem Platz, so auch der Hennessy Very Special. Die Flasche mit dem Cognac, der bis zu acht Jahre in Eichenfässern aus Frankreich reift, ist noch zu einem Drittel gefüllt. Auch dieser Füllstand ist bei der großen Inventur fein säuberlich notiert worden.

EIN BUNTES SAMMELSURIUM UND SOUVENIRS AUS ALLER HERREN LÄNDER

In der Bar konnte Schmidt bestens entspannen. Zigaretten waren aber wichtiger als Alkohol. Sein Glas war selten leer, die Packung Reyno White dagegen oft. Auf dem Barhocker sitzend, spielte er mit diesem kleinen Handkreisel, bei dem ein Plastik-Weihnachtsmann zum Vorschein kommt, wenn der Tannenbaum rotiert.

EIN EDLER TROPFEN SO ALT WIE DER HAUSHERR

Die Flasche Weinbrand aus der Region Armagnac in der Gascogne – südlich von Cognac –, Jahrgang 1918, bekam Helmut Schmidt von seinem Freund Giscarc d'Estaing geschenkt. Der edle Tropfen wurde 1980 aus dem Fass in die Flasche umgefüllt und steht seither in „Ottis Bar".

PRÄSENT DER SPD

Eine Erinnerung an den SPD-Parteitag im November 1977 in Hamburg. Ihrem Kanzler und stellvertretenden Vorsitzenden überreichten die Genossinnen und Genossen eine Tafel mit Seemannsknoten.

ZEITLOSE ELEGANZ

Der Armlehnstuhl aus Teak, Modell 418 B, des dänischen Designers Arne Vodder ist ein Möbelstück, das die Jahrzehnte mühelos überdauert. Acht dieser Klassiker umringen die Tafel im Esszimmer.

GRÜNKOHL MIT WURST UND DER BLICK ÜBER DEN TELLERRAND

WENN LOKI UND HELMUT SCHMIDT GÄSTE EMPFINGEN, WURDE IM ESSZIMMER HAUSMANNSKOST SERVIERT. AUCH DIE FREITAGSGESELLSCHAFT, DER VON SCHMIDT GEGRÜNDETE GESPRÄCHSKREIS, SPEISTE UND TAGTE HIER.

Skandinavisches Möbeldesign, Kunstwerke sowie Andenken von weiten Reisen prägen den Raum – und zeugen von der Weltläufigkeit der einstigen Gastgeber.

Ein Haus mit Weitsicht: Der Blick aus dem Esszimmer reicht durch das Wohnzimmer bis in den Garten.

Text: Hendrik Heetlage

Seit 1985 war das Haus Treffpunkt der von Helmut Schmidt ins Leben gerufenen Freitagsgesellschaft, eines überparteilichen und interdisziplinären Gesprächskreises, an dem Politiker, Künstler, Ärzte, Kirchenvertreter, Unternehmer und Wissenschaftler teilnahmen. Die Runde tagte während des Winterhalbjahres, jeweils am zweiten Freitag des Monats. Auf den Vortrag eines Teilnehmenden folgten Diskussionen über die großen Fragen der Vergangenheit, Gegenwart und Zukunft von Politik, Wirtschaft oder Gesellschaft. Schmidt wollte damit wohl an den Blankeneser Gesprächskreis anknüpfen, den die Journalistin und spätere *Zeit*-Chefredakteurin und -Mitherausgeberin Marion Gräfin Dönhoff in den 1950er Jahren initiiert hatte.

Die Abende verliefen nach einem festen Schema: Zunächst servierte Schmidts Personenschützer Ernst-Otto („Otti") Heuer Longdrinks, Flaschenbier und andere Getränke in der hauseigenen Bar. Wenn das Essen, das Loki zu Beginn noch selbst zubereitete, fertig war, betätigte sie eine historische Autohupe, die am Eingang zu „Ottis Bar" hängt. Das war das Zeichen zum gemeinsamen Mahl im Esszimmer. Häufig wurde Hausmannskost wie Grünkohl mit Wurst oder Frikadellen mit Salzkartoffeln serviert. Nach dem Essen war der oder die Vortragende an der Reihe, dann folgte die Diskussionsrunde, die meist Schmidt durch pointierte Rückfragen eröffnete.

Wie im Wohnzimmer, so dominiert auch im Esszimmer dänisches Design. Die aus Teakholz gefertigten Stühle von Arne Vodder und der ausziehbare Tisch von Poul Hundevad, an dem bis zu zwölf Gäste Platz finden, bestechen durch Geradlinigkeit und schlichte Eleganz. Der ganze Raum zeugt von der Weltläufigkeit der einstigen Gastgeber: An den

Im November 2018 kamen Mitglieder der Freitagsgesellschaft zu einem Interviewtermin am Neubergerweg zusammen. Im Bild von links: der Maler und Grafiker Klaus Fußmann, der Weihbischof em. Hans-Jochen Jaschke, die Fernsehproduzentin Katharina Trebitsch, der CDU-Politiker und Manager Martin Willich, der SPD-Politiker, Manager und Unternehmensberater Manfred Lahnstein, der ehemalige Hamburger Innensenator Alfons Pawelczyk, der Unternehmer Michael Otto und der Internist Heiner Greten.

Wänden hängen Lithographien, Gemälde und Radierungen von Emil Nolde, Paul Kayser, Otto Illies und Ernst Eitner. Im Raum verteilt stehen vier Skulpturen von Ernst Barlach: „Der Sinnende II", „Das Wiedersehen", die „Schlafenden Vagabunden" und „Der singende Mann". In einer Vitrine sind zudem Kunstwerke und Erinnerungsstücke aus Lateinamerika und China ausgestellt, die die Schmidts von ihren Reisen mitgebracht haben. In den Schränken des Designers Kurt Østervig lagern feines Porzellangeschirr sowie Teller und Tassen aus der von Loki Schmidt entworfenen Porzellanserie „Aus Liebe zur Natur" aus dem Jahr 1978, die unterschiedliche Pflanzendarstellungen zieren.

Die Hamburger Freitagsgesellschaft war Ausdruck von Helmut Schmidts Wunsch nach interdisziplinärem Austausch auf hohem Niveau.

Schmidt wollte über den Tellerrand des Politischen schauen. Deshalb lud er bewusst Menschen mit unterschiedlichen beruflichen Hintergründen ein, die diesen Wunsch teilten. Zu den langjährigen festen Mitgliedern der Gesellschaft gehörten die ehemaligen Hamburger Bürgermeister Peter Schulz und Henning Voscherau, der Maler Klaus Fußmann, der Weihbischof Hans-Jochen Jaschke, die Filmproduzentin Katharina Trebitsch, der Schriftsteller Siegfried Lenz, der Unternehmer Michael Otto, der Bankier Max Warburg und der Astrophysiker Reimar Lüst. Schied ein Mitglied aus, etwa weil es aus Hamburg wegzog, wurde ein Nachfolger oder eine Nachfolgerin mit Zustimmung der anderen von Schmidt persönlich angefragt oder angeschrieben. Insgesamt zählte die Gesellschaft 25 Mitglieder.

Neben den festen Mitgliedern wurden immer öfter auch externe Gäste eingeladen, um über ihr jeweiliges Fachgebiet zu sprechen. So referierte der US-amerikanische Botschafter Philip Murphy 2013 über die Zukunft der Vereinigten Staaten, und der russische Botschafter Wladimir M. Grinin sprach im selben Jahr über die Zukunft des russisch-deutschen Verhältnisses. Schmidt ließ sich auf die Vorträge ein und war bis zuletzt bereit, Neues zu lernen und sich überzeugen zu lassen. Glaubte er noch im Jahr 2007, die Diskussion über den menschengemachten Klimawandel sei „reine Hysterie" und „dummes Zeug", überzeugte ihn 2012 Reimar Lüst durch seinen Vortrag über das „Klima der Erde und seine Änderungen" von der realen Bedrohung.

Mit den Jahren nahm die Zahl der externen Vortragenden zu, sodass ein Ungleichgewicht entstand und Helmut Schmidt schließlich einsehen musste, dass die Freitagsgesellschaft in dieser Form keine Zukunft mehr hatte. Sie tagte zuletzt im Winterhalbjahr 2014/15. In insgesamt 29 Jahren wurden mehr als 175 Vorträge gehalten. Eine Auswahl veröffentlichte Schmidt in den Sammelbänden „Erkundungen – Beiträge zum Verständnis unserer Welt" (1999) und „Vertiefungen – Neue Beiträge zum Verständnis unserer Welt" (2010).

SCHMIDT WAR BIS ZULETZT BEREIT, SICH ÜBERZEUGEN ZU LASSEN.

„DER SINNENDE II"

Die Augen geschlossen, die Fingerspitzen an die Wange gelegt: „Der Sinnende II" von Ernst Barlach ist tief in Gedanken versunken. Die Bronzeskulptur ist ein Nachguss des 1934 geschaffenen Originals.

SAMMLERSTÜCK

Helmut Schmidts Hahn (siehe S. 209) findet sich auf einer limitierten Serie Espresso-Tassen des Porzellanherstellers Rosenthal wieder. Dessen damaliger Vorstandsvorsitzender, Philipp Rosenthal, war SPD-Bundestagsabgeordneter.

HAMBURGER MALER, HAMBURGER MOTIVE

Im Esszimmer dominieren neben Ernst Barlach die Bilder mit Hamburger Motiven – viele von Künstlern der Stadt gemalt. Darunter das Werk „Dampfer auf der Binnenalster" von Ernst Eitner. Der Impressionist hat es zwischen 1905 und 1907 gemalt.

SOUVENIR AUS DEM REICH DER MITTE

Helmut Schmidt, der gute Beziehungen nach China pflegte, brachte diese kleine Plastik offenbar von einer Reise mit. Das Pferd stellt eines von zwölf Tierkreiszeichen der chinesischen Astrologie dar. Schmidt, Jahrgang 1918, ist im „Jahr des Pferdes" geboren, was mit Aktivität, Energie, Humor und Schlagfertigkeit in Verbindung gebracht wird. Eigenschaften, die man ihm durchaus zuschreiben konnte.

GEGENPOL KUNST

„Das Wiedersehen" von Ernst Barlach zeigt die Wiederbegegnung von Christus mit dem ungläubigen Jünger Thomas. In Schmidts Haus stehen mehrere Barlachs, sanfte, gerundete Figuren, die Schmidt einst als „menschliche Menschen" bezeichnete. Der Journalist Hanno Rauterberg schrieb 2013: „Dass sich Schmidt, der politische Geist, oft hochfahrend und kühl-analytisch, just dafür so begeistert, das heißt wohl auch, dass für ihn die Kunst ein Gegenpol ist. Er sucht in ihr [...] Kontemplation und Erbauung: Er sieht die Kunst, und die Kunst sieht ihn."

DER STARTSCHUSS FÜR DIE LOKI SCHMIDT STIFTUNG

„Loki Schmidt – Aus Liebe zur Natur“ heißt diese Serie von Wandtellern, die die Naturschützerin 1978 gemeinsam mit dem Porzellanhersteller Rosenthal in limitierter Auflage herausbrachte. Die Motive wurden von Loki Schmidt gezeichnet und zeigen gefährdete heimische Pflanzen. Ein Teil der Erlöse diente als Anschubfinanzierung für die Loki Schmidt Stiftung.

STADTANSICHTEN

Die „Hafenanlagen" sind ein typisches Motiv des avantgardistischen Hamburger Malers und Grafikers Paul Kayser (1869-1942), der am liebsten norddeutsche Landschaften, den Hamburger Hafen oder Ansichten von Altstadt oder Blankenese malte.

MEERBLICK

Im Esszimmer dominieren die maritimen Motive. „Segelboote am Strand" ist eine Radierung des Hamburger Künstlers Hugo Schmidt (1890-1986). Für Helmut Schmidt war Kunst kein Spekulationsobjekt. Vielmehr ging es ihm um eine persönliche Beziehung zu den Werken.

ZIGARETTEN-DOSE UND ZEITEN-WENDE

1997 überreichte Bacharuddin Jusuf Habibie, Indonesiens Minister für Forschung und Technologie, Helmut Schmidt diese Zigarettendose, „zum Andenken an seinen Besuch in Indonesien". Ein Jahr später war Habibie Präsident – und machte den Weg für Wahlen frei. Später sagte Habibie, es sei sein Freund Helmut Schmidt gewesen, der ihm die Werte der Demokratie vermittelt habe. „Ohne Helmut Schmidt", so Habibie, „gäbe es keine Demokratie in Indonesien."

„ICH BIN EINE SPARSAME HAUSFRAU.“

Jeden Abend kochte Loki Schmidt für sich und ihren Mann Helmut – am liebsten bodenständige, norddeutsche Küche, wie Brühe mit kleingeschnittenen Würstchen. Die löffelte das Ehepaar aus ihren bunten Suppentassen.

EINE EINBAUKÜCHE FÜR DIE HAUSHERRIN

BEI DEN SCHMIDTS WURDE DAS „GUTE" GESCHIRR NUR ZU BESONDEREN ANLÄSSEN BENUTZT. DIE ROSENTHAL-SERIE „AUS LIEBE ZUR NATUR", VERZIERT MIT HANDGEMALTEN BLUMEN VON LOKI SCHMIDT, HOLTEN SIE NUR SELTEN AUS DEM SIDEBOARD IM ESSZIMMER.

1974 wurde die damals hochmoderne SieMatic-Einbauküche in der Farbe „Sonnengelb" montiert.

Text: Franziska Zollweg

Loki Schmidt zeigt Journalisten 1966 ihre Vorratskammer. Selbstgemachtes, Konserven und Gläser lagerte sie im Keller ihres Hauses. Sie unterstrich immer, dass sie eine sparsame Hausfrau sei.

Lediglich die Arbeitsplatte und die Elektrogeräte wurden nach Loki Schmidts Tod erneuert. Ansonsten ist alles noch so wie 1974. Die Fronten der Einbauküche der Firma SieMatic leuchten im damals überaus beliebten Farbton „Sonnengelb". Umlaufende Fliesen in Dunkelgrün bilden dazu einen kräftigen Kontrast. Der Raum, der rechts von der Diele abgeht, misst nicht mehr als zehn Quadratmeter. Genug Platz, wenn die Küche ausreichend Stauraum bietet.

Lokis Reich musste funktional sein, Kunst oder dekorative Elemente sucht man vergebens. Alles hatte seinen Platz: der Wanddosenöffner, Modell *Rote Clara*, oder die Magnethalterung für die Metallkrone in der Seife. Mit einer insgesamt fünf Meter langen Arbeitsplatte bot die Küche ausreichend Platz zum Kochen und Backen. Loki Schmidt war eine Verfechterin von norddeutscher Hausmannskost. Frikadellen mit Erbsen und Wurzeln, Gemüsesuppe mit Fleischeinlage oder Rote Grütze mit Vanillesauce gehörten zu ihren Klassikern. Um Kuchen zu backen, verfeinerte sie gern fertige Backmischungen mit einfachen Zutaten wie Nüssen und Rosinen.

Von Loki Schmidts Bescheidenheit weiß auch Wilhelm Barthlott, Biologieprofessor und enger Freund der Botanikerin, zu berichten: Bei einem gemeinsamen Restaurantbesuch in Bonn, so Barthlott, habe der Kellner das Essen serviert, und die Gabel fiel herunter. Loki bückte sich blitzschnell auf dem Stuhl sitzend und nahm die Gabel, legte sie auf den Tisch und sagte: „Das ist gut für das Immunsystem."

Bei den Schmidts wurde, wie in vielen Familien üblich, das „gute" Geschirr nur zu besonderen Anlässen benutzt. Daher holte man die Rosenthal-Serie *Aus Liebe zur Natur*, verziert mit handgemalten Blumen von Loki Schmidt, nur selten aus dem Sideboard im Esszimmer. Im Alltag aß man von einfachem Geschirr und trank aus gebrauchten Senfgläsern. Für Kaffee waren große Pötte mit kräftigen Henkeln vorgesehen. „Ich bin eine sparsame Hausfrau", erklärte Loki Schmidt 1982, „noch aus der Zeit, als es uns schlechterging als heute."

In dieser Küche herrschte stets pragmatische Ordnung. Dekorative Elemente sucht man vergebens.

PÖTTE MIT KRÄFTIGEN HENKELN

Kleine Tassen mit zierlichen Haltern mochte Helmut Schmidt nicht gerne. Er trank am liebsten aus großen Pötten mit kräftigen Henkeln. Völlig gleichgültig war es ihm hingegen, ob es ein vornehmes Gefäß oder ein simples Werbegeschenk war.

GESCHENKTE TOPFLAPPEN

Rechts vom Herd an den grünen Fliesen aufgereiht, hängen die strahlend weißen Häkel-Topflappen. Oft bekamen die Schmidts von „Fans" solche und andere kleine Aufmerksamkeiten. Für Loki Schmidt soll es selbstverständlich gewesen sein, diese auch zu nutzen.

COLA AUS SENFGLÄSERN

Henry Kissinger, ehemaliger US-Außenminister, sagte 2008 zu seinem Freund Helmut Schmidt, dass er niemals gedacht hätte, dass übermäßiges Rauchen und intensiver Coca-Cola-Konsum der Schlüssel für Langlebigkeit seien. Cola trank Schmidt gern aus solchen Senfgläsern.

„DER HAT SEHR SCHÖNE KNALLE ROTE ÄPFEL.“ (LOKI SCHMIDT, 2009)

Sie sei mit den schönen, roten Äpfeln durch die botanischen Gärten gezogen, so Loki Schmidt. aber niemand kannte diese Zierpflanze mit ihrem rötlichen Laub und den großen rosa Blüten.

DER ROTE LOKI-APFEL

FÜR LOKI SCHMIDT, DIE AUS EINFACHEN VERHÄLTNISSEN STAMMTE, GING MIT EINEM EIGENEN GARTEN EIN KINDHEITSTRAUM IN ERFÜLLUNG.

Im Garten von Loki
und Helmut Schmidt
kommen Flora und
Fauna zusammen.

Loki Schmidt in ihrem geliebten Gewächshaus. Die Botanikerin ist umringt von sattgrünen Pflanzen, die sie selbst heranzog.

Die zahlreichen Pflanz- und Anzuchttöpfe, Gerätschaften und Schutzhandschuhe von Loki Schmidt sind noch immer an Ort und Stelle.

Links neben dem Gewächshaus befand sich das Arbeitszimmer von Loki Schmidt. Von dort ging sie häufig hinüber zu ihren Pflanzen.

Text: Franziska Zollweg

Wir sind hier kein so glattgeleckter Garten", sagte Loki Schmidt über den Neubergerweg 80, auf dessen Grundstück sich weder von der Straße noch von den Nachbargrundstücken aus ein Blick erhaschen lässt. Verdeckt von großen Rhododendren, Efeuhecken und wilden Gräsern erstreckt der Garten sich u-förmig um das Wohnhaus herum.

Als Loki und Helmut Schmidt 1961 in den Neubergerweg zogen, gehörte ein kleiner Garten zu ihrem Doppelreihenhaus. Laut Grundbuch umfasste die Immobilie ursprünglich 122 Quadratmeter Wohnfläche und 615 Quadratmeter Grundstück. Im Laufe der Jahre konnten die Schmidts jedoch beides immer wieder erweitern. Heute messen das Haus 422 und das Grundstück 1905 Quadratmeter.

Wer den Jägerzaun passiert hat, steht wenig später vor einem schweren Eisentor, dem Eingang zum Garten. Rechts davon wächst seit vielen Jahren ein unscheinbarer Apfelbaum, der im Herbst rot leuchtende Zieräpfel trägt. Ein Versuch, die Sorte von Pomologen bestimmen zu lassen, scheiterte: Der rot leuchtende Zierapfel war nicht bekannt, und so heißt er seit 2003 offiziell *Roter Loki-Apfel*. Sein festes, tiefrot marmoriertes und saures Fruchtfleisch ist für den rohen Verzehr wenig geeignet. Doch Loki Schmidt ließ nichts verkommen und machte jedes Jahr aus einem Mix aus diesen und anderen Äpfeln Gelee oder süßes, in Zucker geschwenktes Apfelbrot. In einem Interview erinnerte sie sich, dass schon ihre Großmutter Quittenbrot machte, seitdem sie als junges Mädchen bei einer jüdischen Familie das Kochen gelernt hatte. Nüchtern schlussfolgerte Loki Schmidt: „Na ja, da das andere Quittenbrot hieß, heißt dieses Apfelbrot, ist doch klar."

Ein Geschenk an Loki

Wer dem Garten, in dem eine Vielzahl von Pflanzen, Sträuchern und Bäumen wächst, entlang des Wohnhauses folgt, steht bald vor dem Gewächshaus, das Helmut Schmidt 1989 seiner Loki zum 70. Geburtstag für stolze 123 000 Mark bauen ließ. Ob elektrische Fenster, Heizungssystem oder Bewässerungsanlage: Der Glasbau war mit allen technischen Details ausgestattet, die es brauchte, um in Norddeutschland exotische Pflanzen heranzuziehen.

Von einer Rarität, die hier gedieh, berichtet Wilhelm Barthlott, ein Vertrauter Loki Schmidts: Der mattrote Kletterkaktus *Selenicereus wittii* sei außerhalb seiner Heimat, den überschwemmten Wäldern des Schwarzwasser-Amazonas, nur in einigen botanischen Gärten der Welt zu finden – und im Neubergerweg. Erst kurz vor ihrem Tod gab Loki Schmidt ihr geliebtes Gewächshaus auf und überließ die kostbaren Pflanzen dem Botanischen Garten Hamburg.

Hier zog Loki Schmidt fast 20 Jahre lang heimische und exotische Pflanzen heran. Erst kurz vor ihrem Tod löste die Botanikerin das Gewächshaus auf.

Stolz präsentiert Loki Schmidt ihren etwa einen Meter hohen „Selenicereus wittii" – einen exotischen und sehr seltenen Kaktus aus dem Amazonas.

Hinter dem Privatarchiv und unter dem Kirschbaum liegt der Gedenkstein, der an den Erstgeborenen erinnert.

Für Loki Schmidt ging mit dem Garten ein Traum in Erfüllung. Schon früh war sie von Pflanzen fasziniert. In einem späteren Interview erinnerte sie sich, dass sie bereits als Kind gerne Samen in einem Garten ausgesät und verglichen habe, wie sie sich entwickeln würden: „Leider besaßen wir keinen Garten, in dem ich das hätte ausprobieren können", sagte sie weiter. Nach dem Abitur blieb Loki Schmidt, die aus einfachen Verhältnissen stammte, das ersehnte Biologiestudium aus finanziellen Gründen verwehrt. Ihre Liebe zu den Pflanzen begleitete sie ihr Leben lang.

Der Gedenkstein

Inmitten all des blühenden Lebens erinnert ein Gedenkstein im Garten an dunkle Tage in der Biographie von Loki und Helmut Schmidt. Ihr Sohn Helmut Walter, geboren am 26. Juni 1944 in Bernau bei Berlin, starb nur sieben Monate später, wahrscheinlich an einer Hirnhautentzündung. Die Schmidts lebten zu jener Zeit in Bernau, weil Helmut Schmidt dort und in Berlin für das Reichsluftfahrtministerium tätig war. Als sein Sohn starb, war er jedoch bereits an die Westfront abkommandiert worden und erfuhr erst Monate später aus einem Feldpostbrief vom Tod des Jungen. Helmut Walter Schmidt, genannt Moritzelchen, wurde in Schönow, einem Ortsteil von Bernau, beigesetzt.

Mit der Schließung der innerdeutschen Grenze 1961 war den Schmidts auch der Weg zum Grab ihres Sohnes versperrt. Erst 1979 machte Loki Schmidt mit Hilfe des damaligen SPD-Fraktionsvorsitzenden im Deutschen Bundestag Herbert Wehner, des DDR-Unterhändlers Wolfgang Vogel und des zuständigen Pfarrers Norbert Lautenschläger die Grabstelle ausfindig und ließ sie samt neuem Gedenkstein wiederherrichten. Wann immer es ihnen im Rahmen von Reisen in die DDR möglich war, besuchten Loki und Helmut Schmidt das Grab ihres Sohnes.

Erst 2013 und damit zwei Jahre vor seinem eigenen Tod bat Schmidt um Auflösung der Ruhestätte und schrieb der zuständigen

„Helmut Walter Schmidt, * 26.6.44 † 19.1.45" ist in den Gedenkstein gemeißelt, der erst 2013 auf Wunsch von Helmut Schmidt einen Platz im Garten fand.

Die Samen dieser *Camellia japonica* brachte Loki Schmidt 1978 von einer Japanreise mit.

Friedhofsverwaltung: „Leider kann ich wegen meines Alters und meines Gesundheitszustandes nicht mehr nach Schönow oder zu Ihnen nach Bernau kommen, um die Auflösung des Grabes meines Sohnes zu regeln." Wenige Tage darauf schickte er einen Fahrer nach Schönow, um den Gedenkstein nach Hamburg zu holen. Er liegt heute im Garten etwas verborgen unter dem Kirschbaum – und an schönen Tagen von der Sonne umspielt.

Die Kamelien

Noch ein Stückchen weiter – bis zur Wohnzimmerterrasse – erstreckt sich der Garten. Von hier aus hat man einen herrlichen Blick auf die drei Kamelien-Sträucher, die an der Hauswand hoch bis zum Arbeitszimmer Helmut Schmidts wachsen. Im Frühjahr tauchen ihre hellrosa bis pinkfarbenen Blüten den Raum auch heute noch in ein stimmungsvolles Licht.

Portugiesische Seefahrer brachten das immergrüne Strauchgewächs im 16. Jahrhundert aus Asien nach Europa. Es wurde zunächst in Herrenhäusern gezüchtet, so auch in Pillnitz bei Dresden, wo heute die älteste deutsche Kamelie steht. 1978 brachte Loki Schmidt Samen der *Camellia japonica* und *Camellia sasanqua* von einem Staatsbesuch in Japan mit, die erfolgreich im Botanischen Garten Hamburg herangezüchtet wurden. 13 Jahre später pflanzte sie, zusammen mit dem befreundeten Gärtner Peter Eggers, ihre Kamelien in ihrem Garten. Etwa zur selben Zeit kultivierte der norddeutsche Kamelienzüchter Peter Fischer die *Camellia hybride Loki Schmidt*, die neben ihren Artgenossinnen im Garten der Schmidts einen Platz fand. Die Kamelien in Hamburg im Freien zu pflanzen, war ein Wagnis: Würden sie den norddeutschen Winter überleben? Lokis Lösung: ein „Wintermantel" für die jungen Pflanzen, konstruiert aus Kükendraht, gefüttert mit Gartenlaub. So geschützt überwinterten sie selbst unter Schnee – und brachten Loki Schmidt den Ruf als Hamburger „Kamelien-Pionierin" ein.

REZEPT FÜR LOKIS APFELBROT

Äpfel abwaschen, in Stücke schneiden (Knochenarbeit), knapp mit Wasser bedecken und gut weichkochen. Dann auf ein Sieb tun, den Saft auffangen und zu Apfelgelee kochen. Mit Gelierzucker braucht man auf einen Liter Saft nur 500 Gramm Zucker.

Nun kommt die unangenehmste Arbeit: All die weichen Apfelstücke müssen durch ein Sieb gestrichen werden. Das Apfelmus wird abgewogen und auch mit Gelierzucker (die Hälfte des Gewichtes) gekocht. Die ganze Masse muss drei Minuten unter Rühren kräftig kochen. Dann kann man alles auf ein Kuchenblech streichen – ungefähr zwei Zentimeter dick oder auch dünner – und muss es trocknen lassen. Das dauert etwa zwei Wochen. In Stücke geschnitten, kann man die kleinen Würfelchen noch in Zucker wenden.

AUF EINE BESSERE ZUKUNFT

Die Welt lag in Trümmern, und auch sie hatten alles verloren, als Helmut Schmidt seiner Loki Ende 1945 diesen Kalender für das Jahr 1946 schenkte. Den Titel ziert ein Motiv, das einem Familienwappen ähnelt. Im Chaos der Nachkriegszeit drückt der Kalender wohl die Sehnsucht nach einem Neuanfang und einer besseren Zukunft aus.

RUND 3200 AKTENORDNER, MEHR ALS 600 REGALMETER: DAS ARCHIV, DAS HELMUT SCHMIDT HINTERLASSEN HAT, FÜLLT EIN EIGENES GEBÄUDE AM NEUBERGERWEG. ES STEHT, GEMEINSAM MIT DEM ARCHIV VON LOKI SCHMIDT UND DEM VON WILLI BERKHAN, EINEM FREUND UND POLITISCHEN WEGBEGLEITER SCHMIDTS, DER WISSENSCHAFT ZUR VERFÜGUNG.

VERMÄCHTNIS

DER EINZIGARTIGE NACHLASS WIRD DIGITAL GESICHERT.

Blick durch die Glasfront des Archivgebäudes. Hier werden die Zeitdokumente erschlossen, gesichert und der Wissenschaft zugänglich gemacht.

In den roten Rollregalen lagern rund 3200 Ordner. Zudem bietet das Archiv Platz für einen Teil von Helmut Schmidts privater Bibliothek.

Text: Karin Ellermann

Rote Klinkerfassade, überspannt von einem flachen Satteldach – auf den ersten Blick unterscheidet sich das Gebäude kaum von den Wohnhäusern in der Umgebung. Erst der zweite Blick verrät: Bei diesem Bau handelt es sich nicht um ein Wohnhaus. Auf mehr als 600 Regalmetern lagern hier die schriftlichen Hinterlassenschaften von Loki und Helmut Schmidt sowie von Schmidts Freund und politischem Wegbegleiter Willi Berkhan. Dem Architekten Rudolf Birkholz ist es gelungen, das Archivgebäude baulich perfekt in die Neue-Heimat-Siedlung einzupassen.

Man betritt das 2006 bis 2007 errichtete Gebäude durch eine Glasfront und steht unmittelbar im großzügigen Arbeitsraum der Archivare. Sonnenlicht fällt durch das Glasdach auf die Schreibtische, wo mit modernster Digitaltechnik die Nachlässe bearbeitet werden. Gerahmte Fotografien an den Wänden zeigen Momente aus dem Leben von Loki und Helmut Schmidt. Der Besucher weiß sofort: An diesem Ort kann man den Dargestellten ganz nah kommen und viel über sie in Erfahrung bringen.

Im Archiv werden die einzigartigen Nachlässe nicht nur erschlossen, gepflegt und aufbewahrt. Hier wird offen und diskursiv gearbeitet, wird zu wissenschaftlichen Fragestellungen geforscht und diskutiert, werden die historischen Quellen vorgehalten und ein würdiges Erinnern möglich gemacht.

Helmut Schmidt hat seit frühester Jugend seine persönlichen Ausarbeitungen gesammelt. Allerdings wurden diese Dokumente beim Bombenangriff auf Hamburg 1943 vernichtet. Unmittelbar nach dem Verlust versuchte Schmidt, die verlorene Überlieferung durch einen Erinnerungsbericht, den er mit dem Titel „Verwandlungen in der Jugend“ überschrieb, auszugleichen. Mit Schmidts Eintritt in die SPD im Jahr 1946 wurde das private Archiv um ein politisches ergänzt.

Helmut Schmidt war, um nur einige seiner Ämter zu nennen: Mitglied des Deutschen Bundestags, Hamburger Innensenator,

Verteidigungsminister, Finanz- und Wirtschaftsminister sowie Bundeskanzler. 1983 wurde er einer der Herausgeber der Wochenzeitung *Die Zeit* und war seither als Autor, Redner und Elder Statesman eine gefragte Persönlichkeit. Stetig erweiterte sich damit auch der Inhalt seines privaten Archivs, das er mit Stolz in der Öffentlichkeit präsentierte. So schrieb Mainhardt Graf von Nayhauss in der *Welt* vom 16. Oktober 1979: „Seit 1953 also werden seine Terminpläne aufgehoben. Davon abgesehen: Täglich streicht der Kanzler selbst an, was er archiviert haben möchte."

Mit dem Anwachsen der Sammlung wuchs auch der Platzbedarf. Erste Regale im eigenen Haus, später Zimmer im ehemaligen Wohnhaus der Eltern wurden als Depot genutzt. 1978 wurde dieses Haus um einen Archivanbau erweitert, der sich schnell als zu klein erwies. 2007 kam schließlich der heutige Archivzweckbau gegenüber dem Wohnhaus hinzu. Endlich hatte die gesamte Überlieferung, die bis zum Tod von Helmut Schmidt 2015 auf rund 3200 Ordner voller Manuskripte, Korrespondenzen, Presseartikel, Terminpläne anwachsen sollte, genügend Raum.

Schon zu Lebzeiten wurde die Sammlung, zu der fast 300 Fotoalben und Tausende Einzelfotos gehören, von den Schmidts für ihre eigene publizistische Tätigkeit genutzt, zudem wurde so manchem Forscher und Bibliographen Zugang gewährt. 1992, zu ihrer Goldenen Hochzeit, gründeten sie gemeinsam die Helmut und Loki Schmidt-Stiftung, die den Bestand langfristig für die Öffentlichkeit sichern und einen „realistischen Eindruck vom Wirken der beiden vermitteln" sollte. Dieses Vermächtnis wird heute am Neubergerweg 86 durch die Archivare und Historiker der Bundeskanzler-Helmut-Schmidt-Stiftung erfüllt.

Ihre Aufgabe besteht darin, die Unterlagen zu erschließen, eine Recherchedatenbank anzulegen und den Bestand, der in seiner Struktur nicht nur von Schmidt selbst angelegt wurde, physisch und digital zu sichern. In dem 60 Quadratmeter großen Magazin, dem Herzstück des Archivbaus, liegen die wertvollen Autographen in vier Meter hohen, roten

Klinkerfassade und flaches Satteldach: Das Archivgebäude fügt sich perfekt in die Neue-Heimat-Siedlung ein.

kompakten Rollregalen. Das Depot wurde aus Stahlbeton und Glas errichtet und vom Architekten einseitig über einen Meter tief in die Erde eingelassen, was dem Raum eine gewisse klimatische Stabilität verleiht. Um die Stellfläche zu vergrößern, wurde ein Teil des Magazins mit einer Empore überbaut. So wurde die Kapazität um ein Drittel vergrößert und neben den 600 Regalmetern für die Archivalien Raum für einen Teil von Helmut Schmidts rund 25 000 Bände umfassender privater Bibliothek geschaffen.

Der Nachlass von Helmut Schmidt ist eine der konstantesten und vollständigsten Überlieferungen eines deutschen Politikers. Gemeinsam mit den Beständen von Loki Schmidt und Willi Berkhan findet sich im Helmut Schmidt-Archiv ein Vermächtnis, das weit über eine private Überlieferung hinausgeht. Es spiegelt den politischen Diskurs aus den Jahrzehnten seiner Entstehungszeit wider und gewährt einen authentischen Einblick in die Geschichte der Bundesrepublik Deutschland. Damit trägt es, entsprechend dem Willen seiner Stifter, dazu bei, Erinnerungen zu bewahren, diese für die Gegenwart nutzbar zu machen und zukunftsgestaltend zu wirken.

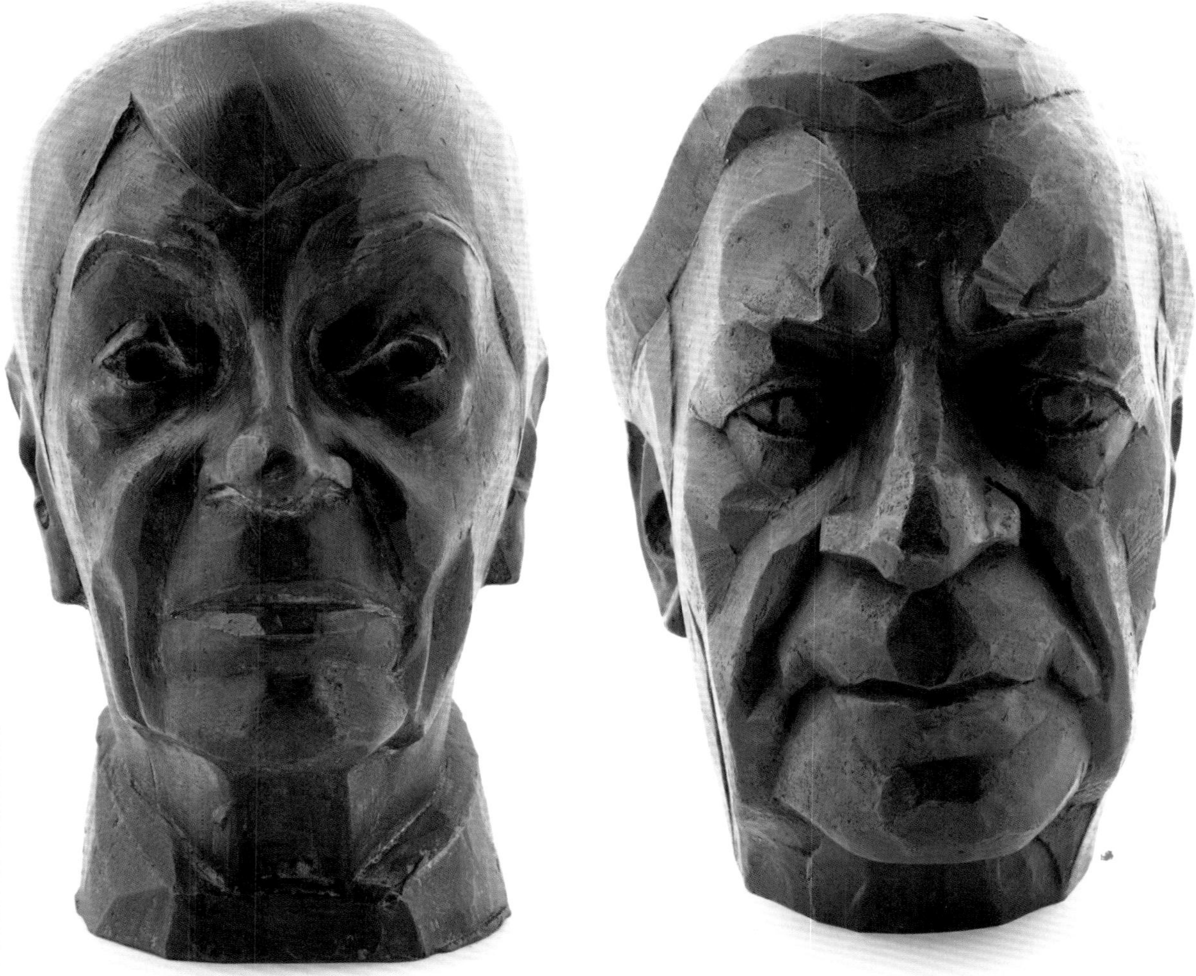

GESICHTER MIT PROFIL

1997 schuf Manfred Sihle-Wissel diese beiden Bronzeplastiken. Sie zeigen die Köpfe von Loki und Helmut Schmidt und weisen harte, ja herbe Züge auf, was auch mit der Arbeitsweise des 1934 in Estland geborenen Künstlers zu tun hat: Sihle-Wissel modellierte die Köpfe zunächst aus Ton und erstellte dann die Bronzeabgüsse. So entstanden Porträts die vielleicht weniger schmeicheln, dafür aber Gesichter mit gelebtem Profil wiedergeben.

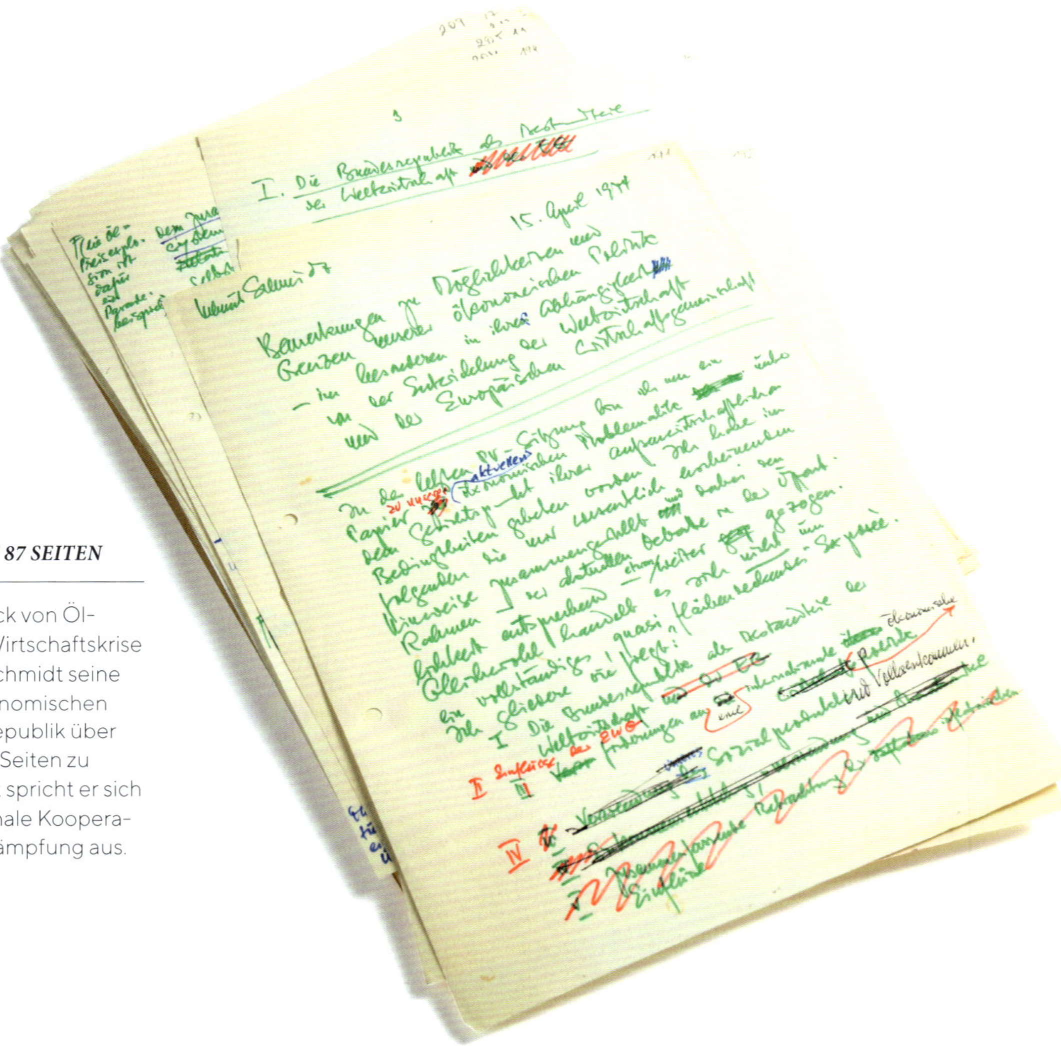

WELTPOLITIK AUF 87 SEITEN

Unter dem Eindruck von Ölpreisschock und Wirtschaftskrise brachte Helmut Schmidt seine Gedanken zur ökonomischen Lage der Bundesrepublik über Ostern 1974 auf 87 Seiten zu Papier. In dem Text spricht er sich für eine internationale Kooperation zur Krisenbekämpfung aus.

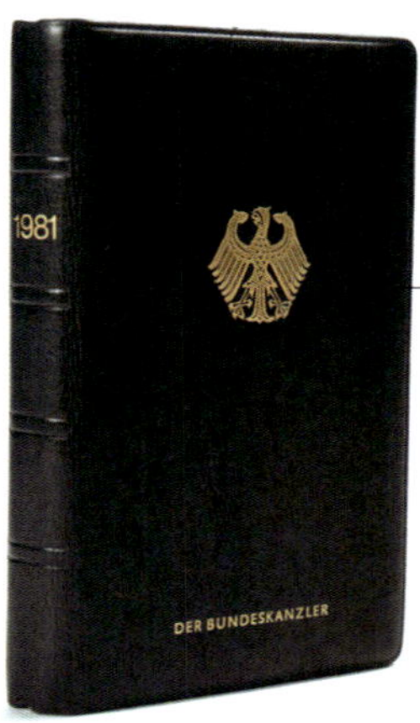

DIE TERMINKALENDER

Bereits im Alter von fünfzehn Jahren begann Helmut Schmidt, tagebuchartige Schreibkalender zu führen. Die ersten zehn Bände wurden 1943 beim Bombenangriff auf Hamburg vernichtet, erhalten sind die Kalender aus den Jahren 1943 bis 2015 – ein Zeitraum von 72 Jahren. Im Zuge seiner politischen Karriere ließ Schmidt zwei geschäftliche führen und führte zudem einen dritten, privaten, selbst. Auf diese Weise wuchs die Zahl der archivierten Kalender auf 140 Stück.

DIE KANZLERBÜSTE

Die Bronzebüste, die Helmut Schmidt mit Zigarette in der Hand zeigt, wurde 2006 von dem Maler und Bildhauer Rainer Fetting auf Anregung des Galeristen Rainer Herold und im Auftrag der ING-DiBa geschaffen. Ein weiterer Abguss der Büste steht im Foyer der *Zeit* am Speersort 1, wo Helmut Schmidt seit 1983 als Herausgeber und Autor tätig war.

SCHREIBUTENSILIEN

Die Gegenstände, die sich auf Loki Schmidts Schreibtisch befinden, erzählen von einer anderen Zeit. Da sind ein versilberter Brieföffner, ein Lineal mit der Aufschrift „Schulbehörde Hamburg", eine Papierschere sowie eine Lupe. Der Flacon aus Metall diente offenbar nur als Zierrat.

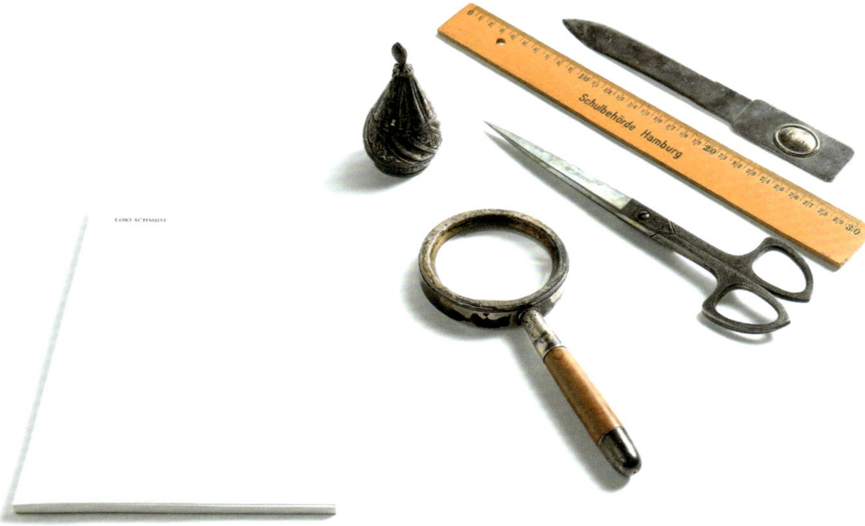

DIE FOTOSAMMLUNG

300 Alben und mehrere tausend Einzelbilder: Die Schmidts haben neben privaten Schnappschüssen auch Aufnahmen von offiziellen Terminen archiviert. Die Sammlung beginnt mit einer Rekonstruktion: Da ihre Fotos bei dem Bombenangriff auf Hamburg 1943 vernichtet worden waren, organisierten sie sich nach dem Zweiten Weltkrieg bei Verwandten Abzüge der verlorenen Fotos.

DER BUNDESKANZLERAUSWEIS

Seit Konrad Adenauer erhält der Regierungschef der Bundesrepublik einen „Bundeskanzlerausweis". Schmidts Exemplar wurde am 29. Mai 1974, dreizehn Tage nach seiner Wahl, ausgestellt. Das Dokument weist die Behörden an, den Kanzler „bei der Ausübung seiner Tätigkeit" zu unterstützen. Dabei ist es genau genommen ungültig: Aus unbekannten Gründen fehlt das Dienstsiegel.

DIENSTAUSWEIS
Nr. 1
für HERRN
HELMUT SCHMIDT
Bundeskanzler der Bundesrepublik Deutschland
Bonn, den 29. 5. 74
Der Inhaber dieses Dienstausweises ist der Bundeskanzler der Bundesrepublik Deutschland
HELMUT SCHMIDT

DER MILLENNIUMS-BAMBI

Im Laufe seines Lebens wurden Helmut Schmidt eine ganze Reihe von Preisen, Ehrendoktorwürden, -diplomen und -titeln für seine Verdienste verliehen. So erhielt er 2011 den Millenniums-Bambi der Hubert Burda Media für sein Lebenswerk. Schmidt, der als Kanzler zwar geachtet, aber nicht populär war, wurde viele Jahre nach dem Ende seiner politischen Karriere in Meinungsumfragen immer wieder zum bedeutendsten und beliebtesten Bundeskanzler erklärt.

LOKIS REISEKISTEN

Zum Nachlass von Loki Schmidt gehören dreizehn braune Pappkartons. In diesen „Reisekisten", wie sie die Boxen nannte, bewahrte sie Erinnerungsstücke und Unterlagen rund um ihre Forschungsreisen auf. Neben Landkarten, in denen Reiserouten eingezeichnet waren, finden sich hier Fotos, Notizen, Flugtickets sowie eigene Pflanzenskizzen und gepresste Blumen. Mit ihren Forschungsreisen rund um die Welt hatte sich Loki Schmidt einen Jugendtraum erfüllt: Eigentlich hatte sie Biologie studieren wollen.

DER BUNTE HAHN

1960 malte Helmut Schmidt einen einen bunten Hahn mit japanischen Kreiden auf vier zusammengeklebten Packpapierstücken. Das Motiv findet sich auf einer limitierten Serie Espresso-Tassen des Porzellanherstellers Rosenthal (siehe S. 168).

Text: Magnus Koch

Am Hauptsitz der Bundeskanzler-Helmut-Schmidt-Stiftung erinnert eine neue Ausstellung an Leben und Arbeit ihres Namensgebers. Hier geht es um die wichtigen Fragen in der Biographie des Kanzlers, Elder Statesman und Publizisten: Wo liegen seine familiären Wurzeln, und wie hängen seine Herkunft und sein späteres Wirken als Politiker zusammen? Was hat Schmidt angetrieben, und wie lassen sich seine Prinzipien und Positionen herleiten und erklären? Auf 270 Quadratmetern spürt die Ausstellung „Schmidt! Demokratie leben“ Fragen wie diesen in einem zeitlich-thematischen Rundgang nach – dabei liegt der Fokus auf den Kanzlerjahren.

Helmut Schmidt hatte als Politiker große Herausforderungen zu meistern. Die Fragen, denen er sich gewidmet hat, verweisen jedoch nicht auf die Vergangenheit; sie beschäftigen uns weiterhin und auf unabsehbare Zeit: Wie wollen wir unsere Demokratie und unseren Wohlstand auch in Zukunft sichern? Wie sorgen wir für eine gerechte und nachhaltige Wirtschaftsordnung? Die Ausstellungsgäste sollen anhand des Lebens und Wirkens Schmidts Grundlegendes über deutsche und internationale Zeitgeschichte lernen, aber auch darüber, wie diese Geschichte unsere Gegenwart und unsere Zukunft weiterhin prägt.

Zum Auftakt zeigen wir Arrangements von Objekten aus dem Haus in Hamburg-Langenhorn – hier geht es um Aspekte der Persönlichkeit und der Biographie Schmidts. Die große Vitrine ist Glasschränken am Neubergerweg nachempfunden. Das von ihm selbst in der Kriegsgefangenschaft geschnitzte Schachspiel steht für eine lebenslange Leidenschaft, doch ebenso für die schweren Monate nach Kriegsende, in denen in Helmut Schmidt die Einsicht in die Notwendigkeit einer demokratischen Nachkriegsordnung reifte. Hier, in einem britischen Kriegsgefangenenlager in Belgien, entschied er sich für die Sozialdemokratie. Eine Menükarte vom ersten Weltwirtschaftsgipfel 1975 in Rambouillet zeigt die Unterschriften großer Staatenlenker der Zeit, sie steht für Schmidts (welt-)wirtschaftliche Kompetenz und dafür, dass er die Bundesrepublik in beeindruckender Weise auf der internationalen Bühne repräsentierte. Ein Foto von Loki Schmidt aus dem Arbeitszimmer steht für die besondere Bedeutung der lebenslangen Beziehung der beiden.

Doch nicht nur zum Auftakt ist das Zuhause der Schmidts präsent. Über die Ausstellungsräume verteilt finden sich weitere Objekte, die sich ursprünglich im Neubergerweg befanden. Im ersten Ausstellungsteil – hier geht es um die Zeit von Schmidts Kindheit und Jugend bis zum Vorabend der Kanzlerschaft – zeigen wir zum Beispiel den einzigen im Wohnhaus auffindbaren Gegenstand aus der Vorkriegszeit: eine Puppe,

Am Hauptsitz der Stiftung im Hamburger Kontorhausviertel (Kattrepel 10) ist die Ausstellung „Schmidt! Demokratie leben" zu sehen. Sie erinnert an Helmut Schmidt – und erzählt 100 Jahre deutscher und internationaler Zeitgeschichte.

Sozialdemokratische Partei Deutschlands
Landesorganisation Hansestadt Hamburg

Mitglieds-Nr. 8/3137

Schmidt Helmut
Name Vorname

Diplom-volkswirt ~~stud. rer. pol.~~
Beruf

geboren am 23.12.18

zu Hamburg

Vor 1933 Mitglied von – bis –

Der Partei beigetreten am 22.5.46.

Sozialdemokratische Partei Deutschlands 1 RM Aufnahme-Gebühr

DER VORSTAND

Unterschrift

Im Kriegsgefangenenlager entschied sich Schmidt für die SPD. Nach Diktatur, Krieg und dem Zusammenbruch Deutschlands 1945 wollte er politisch am Wiederaufbau des Landes mitarbeiten. Sein Parteibuch ist in der Ausstellung zu sehen.

mit der er als Kind spielte. Sie ist wahrscheinlich ein Geschenk von amerikanischen Verwandten. Außerdem stellen wir in diesem Abschnitt Vorlesungsmitschriften aus seinem Volkswirtschaftsstudium von 1948 aus, dazu den Ausweis der Gewerkschaft Öffentliche Dienste, Transport und Verkehr. Schmidt war Mitglied von 1950 bis zu seinem Tod 2015.

Eine Flasche feinen Armagnacs aus Schmidts Geburtsjahr 1918, ein Geschenk des französischen Staatspräsidenten Valéry Giscard d'Estaing, steht für die enge politische und private Verbindung zwischen den beiden. Sie verkörperten seinerzeit das deutsch-französische Tandem, das so wichtig war für die Weiterentwicklung der europäischen Idee – für die Staatsmänner ein Herzensprojekt auch aus historischer Einsicht nach zwei Weltkriegen im 20. Jahrhundert. Die Flasche findet sich im zweiten Themenraum von Schmidts Kanzlerschaft, in dem wir den Blick weiten und die großen gesellschaftlichen Streitthemen der Zeit vorstellen: die innere und äußere Sicherheit mit dem „Deutschen Herbst" und dem NATO-Doppelbeschluss ebenso wie die schweren internationalen Wirtschafts-, Währungs- und Energiekrisen. Hier zeigte Schmidt nicht nur seine oft beschworenen Qualitäten als Krisenmanager; mit seiner auf internationale Abstimmung gerichteten Politik bewies er zudem bemerkenswerten Weitblick – gerade auch angesichts der aktuellen Herausforderungen.

Über diese und andere Objekte baut die Ausstellung eine Brücke zum Zuhause der Schmidts im Norden Hamburgs. Nur ein paar Schritte entfernt von seinem Büro im Hamburger Pressehaus, wo Schmidt fast 33 Jahre (von Mai 1983 bis November 2015) als Herausgeber der Wochenzeitung *Die Zeit* wirkte, holt sie seine Themen und Fragen buchstäblich ins Zentrum der Aufmerksamkeit. Hier, in direkter Nachbarschaft zum UNESCO-Welterbe Speicherstadt und Kontorhausviertel mit Chilehaus, macht sie sein Lebenswerk der interessierten Öffentlichkeit zugänglich und bietet viel Raum für Gespräche und politische Diskussionen.

SCHMIDTS SPIELZEUG

Die Puppe ist der einzige Gegenstand, der an das Kind Helmut Schmidt erinnert. Vermutlich bekam er sie von amerikanischen Verwandten geschenkt. Ein Zweig der Familie lebte in den USA – Schmidt war dort nach Kriegsende mehrmals zu Besuch.

HANSEATISCHES MARKENZEICHEN

Die Elblotsenmütze war Helmut Schmidts Bekenntnis zu seiner Heimatstadt. Ob auf der Chinesischen Mauer, in London, Tokio oder Moskau, ob bei gutem Wetter oder bei (politisch) „schwerer See“: Die Mütze war immer dabei.

ARBEITSSPEICHER

Seine Aktentaschen begleiteten Schmidt überallhin. Sie waren seine „Datencloud“, sein „Arbeitsspeicher“, gefüllt mit Akten, Zeitungen und anderem Lesestoff – und: Zigaretten, Schnupftabak und zuweilen Schokolade.

SIE WAR 34 JAHRE FÜR LOKI UND HELMUT SCHMIDT IM DIENST – ALS HAUSHÄLTERIN UND GUTE SEELE. ER BEGLEITETE DIE SCHMIDTS 26 JAHRE – ALS PERSONENSCHÜTZER UND BARKEEPER. BEI EINEM WIEDERSEHEN ERINNERN SICH DIE BEIDEN AN DEN ALLTAG IN DEM WOHNHAUS AM NEUBERGERWEG, IN DEM DIE UHR STEHENGEBLIEBEN IST.

ZEITZEUGEN

URSEL TREBBIN UND „OTTI“ HEUER

Schmidts Haushälterin Ursel Trebbin an alter Wirkungsstätte.

Text: Ulfert Kaphengst

Wiedersehen am Neubergerweg. Ursel Trebbin war hier 34 Jahre im Dienst, Ernst-Otto („Otti") Heuer 26 Jahre. Sie als Haushälterin und gute Seele, er als Personenschützer und Barkeeper. Beruflich waren sie ein perfekt eingespieltes Team. „Klappte alles", kommentiert Otti trocken. Schon damals genügten wenige Worte. Nun sind beide in Rente.

Wir sitzen im Esszimmer, an dem Teakholztisch mit den schwarzen Brandflecken auf der Oberfläche. Heute glühen keine Zigaretten mehr in dem Aschenbecher vor sich hin. Keine Gefahr. Aber für verdächtige Details hat der Kriminalhauptkommissar a. D. immer noch einen Blick. Berufskrankheit. „Uschi, die Uhr geht nicht mehr!" Nach Helmut Schmidts Tod, am 10. November 2015, ist hier die Zeit stehengeblieben. „Ganz, ganz schlecht. Das wäre sofort moniert worden", lacht Ursel Trebbin. Nicht nur die Technik, auch die tägliche Zusammenarbeit musste funktionieren wie ein Schweizer Uhrwerk. Darauf legte der Hausherr Wert. „Seine Anweisungen waren enorm präzise, man konnte sich hundertprozentig darauf verlassen", erzählt Trebbin.

Wenn es im Haus etwas zu reparieren gab, dann lag ein handgeschriebener Notizzettel mit der gedruckten Kopfzeile „Helmut Schmidt" auf der Arbeitsplatte in der Küche. Ursel Trebbin hakte die durchnummerierten Punkte ab und vermerkte auf der Liste „erledigt", „in Arbeit" oder „wird erledigt am …". Helmut Schmidt wollte es genau wissen: Warum muss die Pumpe im Keller repariert werden? Was ist genau damit? Was kostet das? Gibt es schon einen Kostenvoranschlag? Wie sehen Alternativlösungen aus? Der Bundeskanzler forderte entscheidungsreife Vorlagen. Er hasste halbgare Informationen. Das hat auch sein ständiger Begleiter, Ernst-Otto Heuer, sehr schnell begriffen. Otti, der Schmidt morgens im Auto begeistert von einem Fernsehbeitrag berichtete, in dem es hieß, die intelligentesten Menschen im Deutschen Bundestag seien Helmut Schmidt und Franz Josef Strauß, bekam die erste Lektion: „Otti, wie hieß der Redakteur?

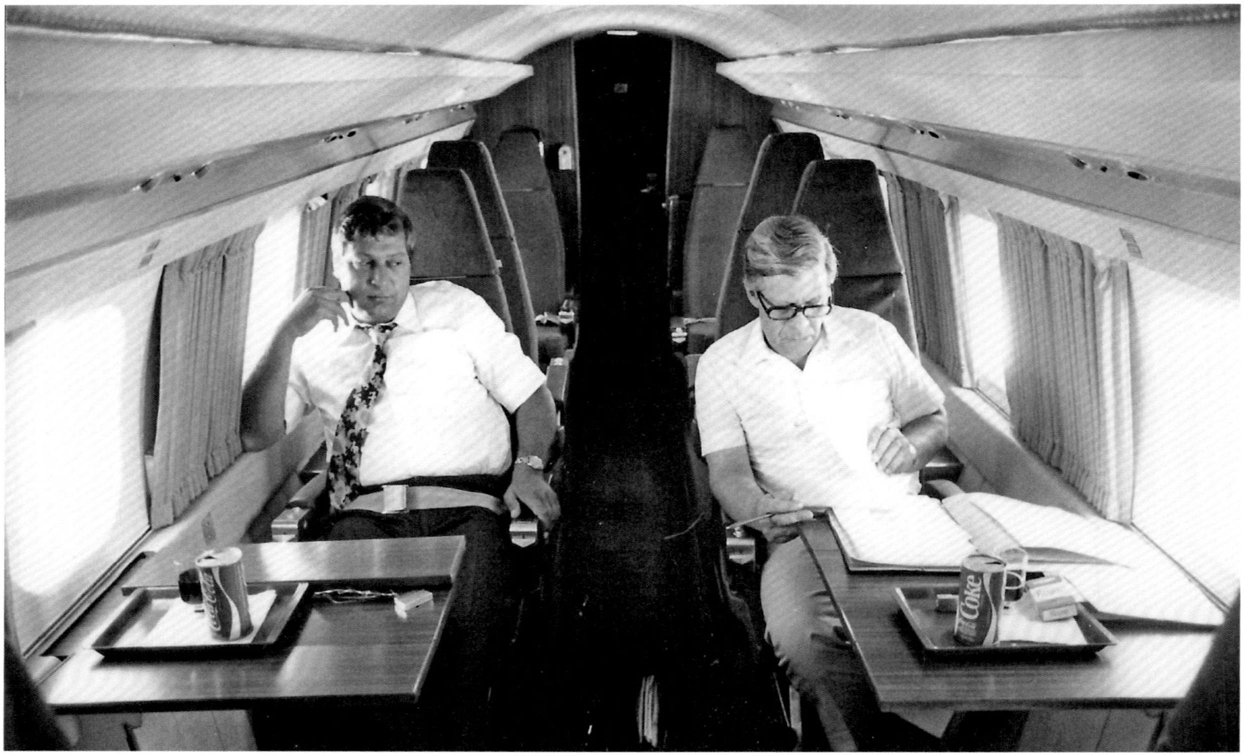

Als Personenschützer begleitete Ernst-Otto Heuer Helmut Schmidt auf Schritt und Tritt, auch auf Dienstreisen war er an seiner Seite.

Wenn Sie mir was erzählen, dann müssen Sie mir Ross und Reiter nennen, sonst kann ich damit nichts anfangen!" Otti hatte verstanden. „Er fragte eigentlich immer nach", bestätigt Ursel Trebbin. „Aber wenn man ihm gut begründet widersprach, dann brummte er kurz und sagte: ‚Ich denk drüber nach!'"

Als Studentin hatte Ursel Trebbin Mitte der 1970er Jahre im Stadtpark-Restaurant gekellnert, in dem auch Loki und Helmut Schmidt gern aßen. Bei besonderen Anlässen half sie gelegentlich als Servicekraft im Wohnhaus in Langenhorn aus. „1978 zum Beispiel, als Breschnew da war", erzählt sie beiläufig. Auch in diesem Fall ist sie sich mit Heuer einig: Nicht so viel schnacken. Diskretion!

1985, als die Schmidts privat eine Haushälterin suchten, übernahm sie den Job. Jeden Morgen bereitete „Frau Trebbin" das Frühstück vor. Sie legte die abonnierten Tageszeitungen auf dem Esstisch parat – immer in der richtigen Reihenfolge: *Hamburger Abendblatt, Welt, Süddeutsche Zeitung*, dazu am Donnerstag *Die Zeit*. Dann begann sie mit dem Saubermachen. Sie ging auch einkaufen, in den Anfangsjahren noch gemeinsam mit „Frau Schmidt", später alleine. „Der Einkaufszettel, den mir Frau Schmidt schrieb, war so konstruiert, dass ich im Supermarkt nur die Wege ablaufen brauchte. Das fand ich toll. Das ging bei ihr ganz chronologisch ab."

Mehr als drei Jahrzehnte arbeitete Ursel Trebbin bei den Schmidts in Langenhorn, die sie immer mit „Herr und Frau Schmidt" ansprach. Helmut Schmidt pflegte das Hamburger Sie: „Frau Trebbin, mach mir bitte mal eben …". Ganz selten, wenn er mit seinem Personenschützer unter vier Augen über die Partei diskutierte, duzten sich die Genossen Helmut und Otti. Ansonsten: „Herr Bundeskanzler oder Herr Schmidt", unterstreicht Ernst-Otto Heuer. Schmidt habe immer gesagt: „Das geht nicht. Wir sind die Bundesrepublik Deutschland und nicht der SPD-Ortsverein. Das macht einen schlechten Eindruck in der Öffentlichkeit."

Wertschätzung und Respekt waren für Ursel Trebbin ebenso wie für Ernst-Otto Heuer Berufsethos. Im Hause Schmidt war es die Hausherrin – Loki –, die mit ihrer natürlichen Art jedem Besucher, der vor lauter Respekt kaum ein Wort herausbekam, die Furcht nahm, schildert die Haushälterin. „Das Eis war durch ihre Art sofort gebrochen." Ursel Trebbin mochte von Anfang an die warme, gemütliche Atmosphäre im Haus – und die Kunst. Und wieder sind sich „Otti" und „Uschi" einig. Sie haben gern für Loki und Helmut Schmidt gearbeitet. „Alles, was man nicht gern macht, macht man nicht gut. Das teilt sich auch mit", ist Ursel Trebbin überzeugt. Sie blickt sich noch einmal im Wohnzimmer um: „Immer noch gemütlich hier. Es scheint, als wohnten die beiden immer noch hier."

Auf die Frage, wie er Helmut Schmidt beschreiben würde, muss Ernst-Otto Heuer kurz überlegen. „Was hat der Hamburger Bürgermeister Olaf Scholz bei der Trauerfeier im Michel gesagt? Wir haben einen Giganten verloren. Politisch und menschlich", sagt Otti – schluckt und schweigt.

„WIR HABEN EINEN GIGANTEN VERLOREN. POLITISCH UND MENSCHLICH."

HAMBURGS BÜRGERMEISTER OLAF SCHOLZ

GEMEINSAM AUF SPURENSUCHE

13 EXPERTINNEN UND EXPERTEN TEXTETEN, FOTOGRAFIERTEN UND GESTALTETEN DIESES BUCH.

Peer Steinbrück (Jg. 1947) war Bundesfinanzminister (2005–2009) und Ministerpräsident von Nordrhein-Westfalen (2002–2005). Als Kandidat der SPD bewarb er sich 2013 für das Amt des Bundeskanzlers, verlor aber die Wahl. Nach der Niederlegung seines Bundestagsmandats übernahm Peer Steinbrück im Januar 2017 den Kuratoriumsvorsitz der Bundeskanzler-Helmut-Schmidt-Stiftung. Zudem war er von 2015 bis 2019 Vorsitzender des Kuratoriums der privaten Helmut und Loki Schmidt-Stiftung. Der studierte Volkswirt wurde 1993 Minister für Wirtschaft und Verkehr in Schleswig-Holstein. Ab 1998 war er Minister für Wirtschaft und Verkehr und ab 2000 Finanzminister in Nordrhein-Westfalen.

❶
Meik Woyke
(Jg. 1972), Dr. phil., leitet die Bundeskanzler-Helmut-Schmidt-Stiftung seit 2019 als Vorstandsvorsitzender und Geschäftsführer. Der Historiker hat den umfangreichen Briefwechsel von Willy Brandt und Helmut Schmidt herausgegeben und zudem eine kompakte Schmidt-Biographie zu dessen 100. Geburtstag publiziert.

❷
Wolfgang Behnken
(Jg. 1945) war Mitglied der Chefredaktion des *Stern* und Mitherausgeber von *Max*, bevor er sich 2004 selbständig machte. 2017 gründete er gemeinsam mit Mathias Becker die Agentur Behnken, Becker + Partner. Im Laufe der Jahre hat er Magazine entwickelt und relauncht, Ausstellungen realisiert und Buchprojekte verantwortet. Seine Arbeiten wurden mit zahlreichen Preisen für Design und Fotografie vom deutschen, europäischen und New Yorker Art Directors Club ausgezeichnet.

❸
Johannes Zechner
(Jg. 1975), Dr. phil., ist Kurator für die neue Ausstellung der Stiftung in der Hamburger Innenstadt. Nach einem Studium der Geschichte, Politikwissenschaft und Philosophie in Berlin und Tel Aviv arbeitete er als wissenschaftlicher Mitarbeiter und Kurator am Deutschen Historischen Museum. Sein Postdoc-Projekt widmete sich Repräsentationen kollektiver Identität in den Nationalgeschichtsmuseen Deutschlands und der Vereinigten Staaten von Amerika.

❹
Karin Ellermann
(Jg. 1959) ist seit 2018 als Archivarin für das Helmut Schmidt-Archiv zuständig. Die Diplom-Archivarin begann ihre berufliche Laufbahn 1982. Von 1992 an arbeitete sie 26 Jahre im Goethe- und Schiller-Archiv und erschloss dort literarische Nachlässe. Neben ihrer archivarischen Tätigkeit publiziert Karin Ellermann, so 2011 über die Geschichte des Goethe- und Schiller-Archivs oder 2015 über den Berliner Theaterdichter Julius von Voß.

❺
Magnus Koch
(Jg. 1967), Dr. phil., leitet den Bereich Ausstellungen der Stiftung. Als Kurator der Fotoausstellung zum 100. Geburtstag von Helmut Schmidt hat er den Fotoband mitherausgegeben; gemeinsam mit seinem Team hat er die ständige Ausstellung „Schmidt! Demokratie leben" realisiert.

Friederike Weimar (Jg. 1971) leitete ab 2017 die Inventarisierung des Wohnhauses und begleitet Ausstellungsprojekte der Helmut und Loki Schmidt-Stiftung. Die promovierte Kunsthistorikerin arbeitet seit etwa zwanzig Jahren als wissenschaftliche Publizistin, Kuratorin und Dozentin. Schwerpunkt ihrer Tätigkeit ist die hamburgische Kunstgeschichte des 19. bis 21. Jahrhunderts.

Hendrik Heetlage (Jg. 1989) arbeitet seit 2017 bei der Stiftung. Neben dem Studium der Geschichtswissenschaft hat der Historiker zusammen mit Friederike Weimar das Wohnhaus der Schmidts inventarisiert. Seit 2019 ist er als kuratorischer Mitarbeiter und Registrar an der Dauerausstellung im Kattrepel tätig.

❻ **Franziska Zollweg**
(Jg. 1990) hat Germanistik und Geschichtswissenschaft in Magdeburg und Hamburg studiert – in dieser Zeit war sie für verschiedene Gedenkstätten und Stiftungen tätig. Seit ihrem Abschluss 2017 ist die Historikerin für Projekte im Arbeitsbereich Public History der Bundeskanzler-Helmut-Schmidt-Stiftung zuständig. Sie promoviert zudem an der Universität Hamburg und beschäftigt sich im Rahmen ihrer Dissertation mit der Ostpolitik unter Bundeskanzler Helmut Schmidt.

❼ **Mathias Becker**
(Jg. 1978) hat 2017 mit Wolfgang Behnken die Agentur Behnken, Becker + Partner gegründet. Seither produzieren sie gemeinsam Bücher, Magazine und digitale Formate für Kunden aus Wirtschaft und Wissenschaft, Verlags- und Stiftungswesen und wurden 2018, 2019 und 2020 mit dem Best of Content Marketing Award ausgezeichnet. Nach dem Studium der Soziologie und Politikwissenschaft hat er 2010 die Reportageschule Reutlingen absolviert und war im Anschluss als Autor für diverse Zeitungen und Magazine tätig.

❽ **Ulfert Kaphengst**
(Jg. 1961) ist seit 2017 für die Kommunikation der Stiftung zuständig. Der Diplom-Politologe hat nach einer klassischen Journalistenausbildung für verschiedene Tageszeitungen gearbeitet – zuletzt als Chefredakteur einer Regionalzeitung. Anschließend arbeitete er 15 Jahre als Sprecher und Protokollchef für die Hamburgische Bürgerschaft in der Hansestadt.

❾ **Sandra Sodemann**
(Jg. 1981) ist seit 2008 als Editorial-Designerin tätig. Nach ihrem Studium an der Hamburger Technischen Kunstschule hat sie als festangestellte Art-Direktorin diverse Publikums- und Kundenmagazine entwickelt und realisiert. Seit 2019 ist sie freiberuflich tätig, unter anderem im Team von Behnken, Becker + Partner. Gemeinsam mit der Agentur hat sie mehrere Magazin- und Buchprojekte umgesetzt.

❿ **Michael Zapf**
(Jg. 1965) ist seit 37 Jahren selbständiger Fotojournalist. Er fotografierte Loki und Helmut Schmidt bei besonderen Anlässen, beispielsweise im Hamburger Rathaus, im Botanischen Garten und auch in ihrem Privathaus am Neubergerweg für verschiedene Tageszeitungen, wie *Hamburger Abendblatt*, *Bergedorfer Zeitung* und *Die Welt*. Seit 1995 hat er zahlreiche Bücher realisiert, vor allem zu Hamburger Themen.

BIOGRAPHIEN

LOKI SCHMIDT WURDE 91, HELMUT SCHMIDT 96 JAHRE ALT. IHRE BIOGRAPHIEN ZEICHNEN STATIONEN EINES BEWEGTEN LEBENS NACH.

1918 Helmut Heinrich Waldemar Schmidt wird in Hamburg-Barmbek geboren **1919** Hannelore „Loki" Glaser wird in Hamburg-Hammerbrook geboren **1929–1936** Besuch der Lichtwarkschule in Hamburg-Winterhude | 1937 Abitur an der Klosterschule in Hamburg-St. Georg **1937–1938** Reichsarbeitsdienst **1937** Abitur an der Lichtwarkschule in Hamburg-Winterhude **1937–1939** Reichsarbeitsdienst und Wehrdienst **1938–1940** Pädagogikstudium für das Volksschullehramt, Abschluss 1940. **1939–1945** Soldat im Zweiten Weltkrieg | Einsatz 1941/1942 in der Sowjetunion | Eheschließung mit seiner ehemaligen Klassenkameradin Hannelore „Loki" Glaser | 1944 Geburt des Sohnes Walter, der nur wenige Monate später stirbt | Nach Kriegsende bis August 1945 in britischer Gefangenschaft **1945–1949** Studium der Volkswirtschaft und Staatswissenschaften in Hamburg | Abschluss als Diplom-Volkswirt | 1946 Eintritt in die Sozialdemokratische Partei Deutschlands (SPD) **1940–1971** Lehrerin an verschiedenen Hamburger Schulen, zuletzt an der Schule Ebershofweg in Hamburg-Langenhorn | 1947 Geburt von Tochter Susanne | 1971 Beendigung der Lehrerlaufbahn **1949–1953** Zunächst persönlicher Referent des Hamburger Senators für Wirtschaft und Verkehr Karl Schiller | Später im gleichen Ressort Abteilungsleiter der wirtschaftspolitischen Abteilung | Ab 1952 Verkehrsdezernent **1953–1961** Mitglied des Deutschen Bundestags für die SPD | Seit 1958 Mitglied im SPD-Bundesvorstand **1961** Übernahme des Amts des Polizeisenators | Kurz darauf Innensenator der Freien und Hansestadt Hamburg **1965** Rückkehr nach Bonn (Bundestagsmandat bis 1987) | Bereits 1964 Aufnahme in das zehnköpfige Schattenkabinett Willy Brandts für die Bundestagswahl **1966/1967–1969** Vorsitzender der SPD-Bundestagsfraktion während der Großen Koalition von CDU/CSU und SPD **1969** Umzug nach Bonn (erstes Ministeramt Helmut Schmidts) **1969–1974** Bundesverteidigungsminister |Später Finanz- und zwischenzeitlich zusätzlich Wirtschaftsminister in den sozialliberalen Kabinetten Brandt/Scheel **1973** Ausbildung zur Schwesternhelferin **Mai 1974** Nach dem Rücktritt Brandts Wahl zum fünften Bundeskanzler (Wiederwahlen 1976 gegen Helmut Kohl und 1980 gegen Franz Josef Strauß) **1976** Erste Forschungsreise (Kenia) **1979** Gründung der „Stiftung zum Schutz gefährdeter Pflanzen" **1980** Erste Wahl der „Blume des Jahres" **1981–1982** Mitglied der Deputation der Behörde für Bezirksangelegenheiten, Naturschutz und Umweltgestaltung in Hamburg **Oktober 1982** Nach dem Bruch der sozialliberalen Koalition Abwahl als Bundeskanzler durch ein „konstruktives Misstrauensvotum" **1982–1992** Mitglied des Naturschutzrats Hamburg **1983** Mitherausgeber, später zwischenzeitlich Geschäftsführer und Verleger der Wochenzeitung *Die Zeit* bis 2015 | Abschied aus dem Deutschen Bundestag 1987 **1991** Gründung der Loki Schmidt Stiftung **1992** Gründung der Helmut und Loki Schmidt-Stiftung **bis 2015** Weiterführung seiner umfassenden Publikationstätigkeit („Menschen und Mächte", „Allgemeine Erklärung der Menschenpflichten", „Außer Dienst" u. v. m.) | Die meisten der insgesamt rund 50 Publikationen werden zu Bestsellern | Außerdem Hunderte Beiträge in Büchern, Zeitungen und Zeitschriften | Ausgedehnte internationale Vortragsreisen | Fortgesetzte Konsultationen zur Überwindung internationaler Probleme und Krisen mit Politikerinnen und Politikern, Forschenden und bedeutenden Persönlichkeiten in aller Welt | Zahlreiche Doktorwürden, Auszeichnungen und Ehrenbürgerschaften **1994** Letzte Forschungsreise (Venezuela) **21. Oktober 2010** Loki Schmidt stirbt im Alter von 91 Jahren im gemeinsamen Haus des Ehepaares in Hamburg-Langenhorn **10. November 2015** Helmut Schmidt stirbt in seinem Haus im Alter von 96 Jahren

… über Helmut Schmidt … über Loki Schmidt

IMPRESSUM

Edel Books – Ein Verlag der Edel Germany GmbH

3. Auflage 2020

Herausgeber: Bundeskanzler-Helmut-Schmidt-Stiftung

Konzept und Redaktion: Ulfert Kaphengst, Dr. Meik Woyke (Bundeskanzler-Helmut-Schmidt-Stiftung), Michael Zapf

Projektkoordination: Ulfert Kaphengst, Dr. Marten Brandt (Edel Books)

Lektorat: Mathias Becker (Behnken, Becker + Partner, Hamburg)

Korrektorat: Andreas Feßer

Fotos: Michael Zapf

Gestaltung: Wolfgang Behnken, Sandra Sodemann (Behnken, Becker + Partner, Hamburg)

Infografik: Jelka Lerche

Lithographie: Alexander Langenhagen (Edelweiss Publish, Hamburg)

Druck und Bindung: optimal media GmbH, Glienholzweg 7, 17207 Röbel/Müritz

Printed in Germany

Gedruckt auf FSC® MIX zertifiziertem Papier (FSC® C108521)

ISBN 978-3-8419-0746-2

Bildnachweise: Umschlag: Michael Zapf (unten), Sven Simon (oben); Umschlagrückseite: Michael Zapf; Innenteil: Alle Fotos Michael Zapf, außer: Archiv Lagenhorn/ Erwin Möller S. 38, 48, 49 o.; Bundesbildstelle S. 139; Bundesbildstelle/Engelbert Reineke S. 140; Bundesbildstelle/Ulrich Wienke S. 22-23; Conti Press S. 125; Conti Press/Heinz Fremke S. 94; Dieter Bauer S. 97 u.; Hamburger Abendblatt/Andreas Laible S. 166; Helmut Schmidt-Archiv Vorsatz, S. 2, 4, 12-13, 32-33, 40-41, 42-43, 44, 46-47, 50-51, 73, 97 u.l., 109 u., 114 u.r. , 122, 141, 149, 186, 189, 218, Nachsatz; Imago Images/Sven Simon S. 36-37; Maurice Weiss S. 6; picture alliance/Lothar Heidtmann S. 136-137; Régis BOSSU/Kontributor S. 148; ullstein bild - mehrens S. 102; United Press S. 45; Walter Schels S. 4

Künstlerrechte: Manfred Sihle-Wissel S. 28-29, 203 o.; Meike Lipp 90 u.; Nachlass Ernst Eitner/Ernst-Christan Wolters S. 85; Nachlass Franz Kaiser/Dr. Jürgen Winzer S. 84; Nolde Stiftung Seebüll S. 91; Rainer Fetting S. 205; Reproduced by permission of The Henry Moore Foundation S. 90 o.; VG Bild-Kunst S. 82, 86, 87, 89

Der Verlag dankt allen, die Bilder für dieses Projekt zur Verfügung gestellt haben, für ihre freundliche Genehmigung zum Abdruck. Leider war es uns nicht in allen Fällen möglich, die Rechteinhaber ausfindig zu machen. Alle Ansprüche bleiben gewahrt.

Gefördert durch BKM

Die Beauftragte der Bundesregierung
für Kultur und Medien

„ICH BIN SEIN ZUHAUSE. DAS HAT ER WÖRTLICH SO NICHT GESAGT, ABER ER HAT ES MIR GEZEIGT. DAS IST EIN SCHATZ, WENN MAN FÜR EINEN ANDEREN MENSCHEN DAS ZUHAUSE IST.“

LOKI SCHMIDT

Ein zärtlicher Helmut